AF389905

MÉMOIRES POUR SERVIR A L'HISTOIRE DES ÉVÉNEMENS DE LA FIN DU DIX-HUITIÈME SIÈCLE, depuis 1760 jusqu'e 1806—1810 ; par un contemporain impartial (feu M. l'abbé Georgel) ; publiés par M. Georgel, avocat à la Cour de cassation neveu et héritier de l'auteur.

Et quorum pars magna fui.

VIRGILE.

Cet ouvrage paraît en 3 livraisons de 2 vol. in-8°. chacune. *La première est en vente*, et ornée du fameux collier. — Pri des 2 vol., 12 fr.

Cette livraison contient : Histoire de l'abolition des Jésuites. — Dernières années du règne de Louis XV. — Commence ment du règne de Louis XVI jusqu'à l'assemblée des Notables. — Procès du fameux collier. — Commencement de la révo lution française.

La souscription aux 6 vol., contenant tout l'ouvrage, *est fermée*, et du prix de 28 fr. au lieu de 36. MM. les Souscripteur sont priés de faire retirer les 2 volumes en vente. (*Voyez* le Prospectus publié.)

PRÉCIS HISTORIQUE DE LA SESSION DE LA CHAMBRE DES DÉPUTÉS DE 1816 ; par M. le Général de Ségur. In-8°. — Prix, 2 fr.

OUVRAGES PROPRES A ÊTRE DONNÉS EN ÉTRENNES.

On les fournira *reliés*, si on le désire ; mais alors il faut adresser les demandes à l'avance.

ABRÉGÉ DE L'HISTOIRE UNIVERSELLE ANCIENNE ET MODERNE, à l'usage de la jeunesse, par M. le comte de Ségur, de l'académie française. — Histoire ancienne. — Première partie, contenant l'*Histoire ancienne proprement dite* ; savoir :

L'Histoire des Égyptiens et des Assyriens. . . . . . 1 vol.

des Mèdes et des Perses. 2

des Juifs. 2

de la Grèce. 3

de Sicile et de Carthage. 1
_____
9

Seconde partie, contenant l'*Histoire romaine*, qui termine l'*Histoire ancienne*, forme 7 volumes (4 pour la première époque de cette histoire, et 3 pour les empereurs). Prix des 16 vol. avec les 56 cartes ou gravures. . . . . 32 fr. ; fig. coloriées, 40 fr.

La souscription à cet important ouvrage *est fermée*. Le prix du volume pour chaque livraison de la suite, est de 2 fr. fig. en noir, et 2 fr. 50 c. figures coloriées. (*Voyez* le prospectus publié.)

AMI DES ENFANS (L'), par M. et Mad. Azaïs, 12 livraisons, formant 24 vol. in-18, avec 48 jolies grav., 24 fr. ; avec les fig. color. 30 fr.

AGENDA DES ENFANS, par Fréville, in-18, fig. et titre grav. 1 fr. 25 c.

BIJOU DE L'ENFANCE, ou Contes et Fables, par Jauffret, in-32, avec fig., 75 cent., fig. coloriées. . . . . 1 fr.

BIOGRAPHIE DES JEUNES DEMOISELLES, par madame Dufrenoy, 2 vol. in-12, avec 60 portraits. . . . . 7 fr.

BIOGRAPHIE DES JEUNES GENS, par Alp. de Beauchamp. 3 gros vol. in-12, avec 70 portraits. . . . . 12 fr.

BEAUTÉS DE L'HISTOIRE GRECQUE, par Durdent ; deuxième édition, in-12, avec 8 gravures, 3 fr. ; et fig. color. . . . . 4 fr.

BEAUTÉS DE L'HISTOIRE ROMAINE, troisième édit. in-12, avec 8 grav. 3 fr. ; et fig. color. . . . . 4 fr.

BEAUTÉS DE L'HISTOIRE DU BAS-EMPIRE, 1 vol. in-12, fig. . . . . 3 fr.

BEAUTÉS DE L'HISTOIRE SAINTE, 1 vol. in-12, fig. . . . . 3 fr.

BEAUTÉS DE L'HISTOIRE DU CHRISTIANISME, 2 vol. in-12, fig. . . . 6 fr.

BEAUTÉS DE L'HISTOIRE D'ESPAGNE, in-12, avec 8 grav., 3 fr. ; et figures color. . . . . 4 fr.

BEAUTÉS DE L'HISTOIRE D'AMÉRIQUE, 2 vol. in-12, avec 32 sujets de jolies grav., 6 fr. ; et avec les fig. color. . . . . 8 fr.

BEAUTÉS DE L'HISTOIRE D'ITALIE, par Giraud, auteur de la *Campagne de Paris*, etc., 2 vol. in-12, avec gravures, 6 fr. ; avec les figures color. . . . . 8 fr.

BEAUTÉS DE L'HISTOIRE DU PORTUGAL, par Durdent ; 1 vol. in-12, avec figures, 3 fr. ; fig. color. . . . . 4 fr.

BEAUTÉS DE L'HISTOIRE DE HOLLANDE ET DES PAYS-BAS, par Marchand, 1 vol. in-12, avec grav., 3 fr. ; fig. color. . . . . 4 fr.

BEAUTÉS DE L'HISTOIRE DES TROIS ROYAUMES DU NORD, Suède, Dane- marck et Norwége ; par Durdent. 1 vol. in-12, avec grav., 3 fr. ; avec les fig. color. . . . . 4 fr.

BEAUTÉS DE L'HISTOIRE DE TURQUIE, par le même. 1 vol. in-12, avec fig., 3 fr. ; avec les fig. color. . . . . 4 fr.

BEAUTÉS DE L'HISTOIRE DE POLOGNE, 1 vol. in-12, fig. . . . . . 3 fr.

BEAUTÉS DE L'HISTOIRE DE L'EMPIRE GERMANIQUE, par Giraud. 2 vol. in-12, avec grav. noires, 6 fr. ; avec grav. color. . . . . . . 6 fr.

BEAUTÉS DE L'HISTOIRE DE LA SUISSE. 1 vol. in-12, 3 fr. ; fig. color. 4 fr.

BEAUTÉS DE L'HISTOIRE DE LA CHINE, DU JAPON ET DES TARTARES, 2 vol. in-12, avec grav., 6 fr. ; fig. color. . . . . 8 fr.

MERVEILLES ET BEAUTÉS DE LA NATURE EN FRANCE, par Depping ; troi- sième édition. 2 vol. in-12, avec grav., 6 fr. ; fig. color. . . . . 8 fr.

BIBLE EN ESTAMPES, par l'Auteur du *Musée de l'Enfance*, avec un texte explicatif d'environ 10 feuilles d'impression, et 74 superbes vignettes, d'après Raphaël et les grands maîtres. In-8°. oblong, vélin satiné, épreuves avant la lettre, Prix, cartonné, figures en noir, 10 fr. ; fig. coloriées, 15 fr. ; relié, avec étui, papier glacé et gaufré,

tranche dorée, 20 fr. ; papier ordinaire, cartonné, 5 fr. ; figur color. . . . . 7 f

ÉPOQUE ET FAITS MÉMORABLES DE L'HISTOIRE DE FRANCE, par Durdent deuxième édit. in-12, avec 8 belles grav., 3 fr. ; et fig. color. . 4 f

ÉPOQUES ET FAITS MÉMORABLES DE L'HISTOIRE D'ANGLETERRE, par le même, in-12, avec 8 belles grav., 3 fr. ; et fig. color. . . . . . 4 f

ÉPOQUES ET FAITS MÉMORABLES DE L'HISTOIRE DE RUSSIE, par le mêm in-12, avec 8 belles grav., 3 fr. ; et fig. color. . . . . 4 f

COURS PRATIQUE D'ÉDUCATION, à l'usage des jeunes Demoiselles, et con venable aux jeunes gens qui ne sont pas à portée de suivre les étud de collège, ou qui les ont suivies sans succès ; contenant la Gram maire, précédée de Principes de Lecture servant d'introduction ; Rhétorique, l'Aritmétique, la Cosmographie, la Géographie, l'Hi toire et la Mythologie, traitées séparément pour l'enfance et pou l'adolescence, par demandes et par réponses ; dédié à Son Altes Royale Madame, Duchesse d'Angoulème, par P. J. Galland, 3 vo in-12 de plus de 500 pages chacun ; ouvrage adopté pour la maiso royale de S. Denis. . . . . 10 fr. broch

ÉDUCATION COMPLÈTE DE L'ENFANCE, extraite du *Cours pratique d'Éd cation*, à l'usage de jeunes Demoiselles, rédigé par P. J. Gallan contenant la Grammaire, l'Arithmétique, la Géographie, l'Histoi et la Mythologie, précédées de Principes de Lecture et d'Écritur et suivies d'élémens de Musique et de Dessin, par demandes et p réponses. Un fort volume in-12, broché. . . . . 4 f

PRINCIPES ÉLÉMENTAIRES DE LECTURE, D'ÉCRITURE, DE MUSIQUE ET DE Dessin, extraits de l'*Éducation complète de l'Enfance*, de P. J. Ga land, accompagnés d'exemples à l'appui du précepte, et parfaiteme gravés, par demandes et par réponses. Un vol. in-12, broché. . 2

CONVERSATIONS MATERNELLES, par madame Dufrenoy, 2 vol. in-18 avec gravures, 4 fr. ; fig. coloriées. 6

CHOIX DE FABLES D'ÉSOPE, deuxième édition, in-18, avec fig. en noi 1 fr. 50 cent. ; et fig. color. 2

CHOIX DE FABLES DE LA FONTAINE, deuxième édit. in-18, avec fig. noir, 1 fr. 50 cent. ; et fig. color. 2

CHOIX DE FABLES DE FÉNÉLON, deuxième édit. in-18, avec fig. en noi 1 fr. 50 cent. ; et fig. color. 2

CHOIX DE FABLES DE FLORIAN, deuxième édit. in-18, avec fig. en noi 1 fr. 50 cent. ; et fig. color. 2

CORBEILLE DE FLEURS, troisième édit. in-18, fig. . . . . . 1 fr. 25 cen

CONTES DES FÉES, par Charles Perrault, avec une notice historiq sur sa vie et ses ouvrages ; par Mad. Dufrenoy. 1 vol. in-18, orné dix jolies grav., 1 fr. 25 c. ; fig. color. . . . . 1 fr. 50

CRUSOÉ AMBROSE ; deuxième édit., 1 vol. in-18, avec grav. 1 fr. ; f color. . . . . 1 fr. 50 cen

CABINET DES ENFANS ; deuxième édit., 1 fr. 50 c. ; et fig. color. . . 2

LE JEUNE AGE DES BOURBONS ; in-18, 1 fr. 50 c. ; et fig. color. . . 2

MYTHOLOGIE EN ESTAMPES ; in-8. oblong. cart. fig. noir. 4 fr. ; et f color. 6

GALERIE DES JEUNES PERSONNES, in-12, deuxième édition.

GALERIE DES ENFANS, in-12, deuxième édit. Prix de chacun, 2 fr. 50 et 3 fr. avec fig. color.

NARRATIONS FRANÇAISES ; par Durdent, in-12, broch. 3

NARRATIONS DRAMATIQUES ; par le même, in-12. . . . . . 2 fr. 50 cen

MUSÉE DE L'ENFANCE, avec plus de 100 jolis sujets de gravures, in- cartonné, en noir, 4 fr. ; coloriées. 6

NOUVELLES NOUVELLES DE L'ENFANCE ; par Mad. Delafaye, 2 vol. in-1 fig., 2 fr. 50 cent. ; et fig. color. 3

JARDIN DES ENFANS ; neuvième édition, un vol. in-18, fig. 1

LA FÉE BIENFAISANTE ; deuxième édit., in-18 ; avec fig., 1 fr. 50 cent et avec fig. col. . . . . 2 f

LA NOUVELLE ANTIGONE ; in-18, avec fig. en noir, 1 fr. 25 cent ; et fi color. . . . . 1 fr. 50 cen

EXTRAIT ET ANALYSE

DE CE QUI A ÉTÉ DIT ET DÉLIBÉRÉ

SUR LE CANAL DU MIDI

A L'ASSEMBLÉE

DES ÉTATS-GÉNÉRAUX DU LANGUEDOC,

DEPUIS 1665 JUSQU'EN 1789.

EXTRAIT ET ANALYSE

DE CE QUI A ÉTÉ DIT ET DÉLIBÉRÉ

SUR LE CANAL DU MIDI

A L'ASSEMBLÉE

DES ÉTATS-GÉNÉRAUX DU LANGUEDOC,

DEPUIS 1665 JUSQU'EN 1789.

A PARIS,

DE L'IMPRIMERIE DE PLASSAN, RUE DE VAUGIRARD, N° 15,

DERRIÈRE L'ODÉON.

MARS 1821.

EXTRAIT ET ANALYSE

DE CE QUI A ÉTÉ DIT ET DÉLIBÉRÉ

SUR LE CANAL DU MIDI

A L'ASSEMBLÉE

DES ÉTATS-GÉNÉRAUX DU LANGUEDOC,

DEPUIS 1665 JUSQU'EN 1789.

Arrêt du conseil d'état pour la vérification de la possibilité du canal des deux mers par des commissaires du Roi et des États du Languedoc.

(1665, 22 *janvier, de page* 78 *à page* 80.) M l'évêque de Montauban rappelle aux États que d'après l'arrêt du conseil d'état du 18 janvier 1663, les commissaires qu'ils avaient nommés pour commencer la vérification de la possibilité ou de l'impossibilité du canal destiné pour la jonction des mers, se sont rendus à Toulouse, le 1ᵉʳ octobre, avec les commissaires nommés aussi par le Roi; qu'il avait été délibéré qu'on publierait par tout le royaume et aux pays étrangers, le travail qui se devait faire, afin que ceux qui y voudraient entendre se pussent rendre à Toulouse pour y faire leurs offres et en donner leur avis.

Travail présenté aux États.

Que durant ladite commission, les experts, pris par les commissaires, avaient fait leur relation; que les ingénieurs avaient fait le devis de l'ouvrage dont ils avaient porté le plan dans l'assemblée, et MM. les commissaires rendu leur avis, la lecture duquel informerait la compagnie de la possibilité jugée par les experts et les ingénieurs dudit canal.

Les États délibèrent de rendre compte au Roi de l'exécution de ses ordres.

Les États délibèrent, après la lecture, que M. de Besons, qui va à la cour de la part de MM. les commissaires du Roi pour porter le plan et le devis du canal, sera prié de porter à Sa Majesté la lettre de l'assemblée pour rendre compte à Sa Majesté de ce qui a été fait à la commission en exécution de ses ordres.

Ingénieurs appelés à vérification ci-dessus.

(1665, 28 *janvier, page* 96.) Mᵍʳ l'évêque de Montauban a dit que

1

(2)

MM. les commissaires des États pour la vérification de la possibilité du canal avaient été obligés de prendre plusieurs ingénieurs, géomètres, arpenteurs, niveleurs, etc.; que comme ces gens n'avaient travaillé que par ordre des commissaires, il y avait justice de les faire payer chacun suivant sa qualité, etc.

Disposition négative des États à contribuer des deniers de la province à l'exécution du canal.

Ainsi délibéré par les États sans que, pour raison dudit paiement, la province puisse être obligée à l'avenir de faire d'autres dépenses pour ledit canal, les États n'y voulant plus rien contribuer en aucune manière que ce soit.

(1666, 13 *décembre, de page* 14 *à page* .....) Les commissaires du Roi disent aux États que le canal de jonction des mers avait été projeté par Henri-le-Grand; que les États ont remercié Sa Majesté du renouvellement de cette pensée; qu'ils en ont fait faire des plans et des devis par des experts qui ont été nommés par un commun consentement; que la dépense a été estimée huit millions de livres; que par suite de l'avis des personnes les plus intelligentes dans cette profession, auxquelles toutes les pièces ont été communiquées par ordre du Roi, l'adjudication a été faite à un entrepreneur, qui s'est chargé de rendre l'ouvrage parfait en huit années.

Le Roi fait demander aux États de contribuer pour 4,000,000 liv., moitié de la dépense évaluée, à l'exécution du canal, qui est déjà adjugé.

Sa Majesté estime que vous ne refuserez pas de contribuer pour la moitié de cet ouvrage, à raison de 500,000 liv. pendant chacune des huit années.

On objecterait à tort que cette somme est au-dessus des forces de la province, ou que les États ne peuvent consentir l'imposition de plusieurs années, et engager leurs successeurs, etc., etc.

On rappelle que l'on a expliqué l'année dernière les avantages que le canal apportera au Languedoc, mais je n'ai pas trouvé le mémoire à ce sujet.

Les États accordent 2,400,000 liv.; conditions qu'ils mettent à cette concession.
Ils votent pour l'année 500,000 liv.

(1667, 1er *mars, de page* 152 *à page* ....) Les États accordent pour le canal 2,400,000 liv., et pour cette année 500,000 liv. — Ils feront vérifier l'état des travaux; on ne pourra leur demander de plus grandes sommes pour ces travaux, quand même ils ne seraient point achevés dans les huit années; ni pour leur entretien et réparations. Les fonds accordés serviront par préférence au remboursement du prix des terres ou autres indemnités en faveur des riverains.

Les commissaires du Roi acceptent ces conditions.

Commissaires du Roi et des États pour les indemnités de terrain.

(1667, 6 *mars*, *p.* 175.) On nomme des commissaires pour, de concert avec les commissaires du Roi, travailler à la liquidation des indemnités qui seront dues aux propriétaires des terres qui seront prises pour le canal.

Les États imposent encore 300,000 liv.

(1668, 17 *janvier*.) Aux termes de la promesse faite, les États délibèrent encore pour cette année l'imposition de 300,000 liv. pour le canal.

Le Roi fait témoigner aux États son désir d'aller vite en besogne.

(1669, 19 *février*, *p.* 38.) Les commissaires du Roi disent : Le Roi nous ordonne encore de vous dire que n'ayant projeté le canal que jusqu'à Trèbes, il veut le faire achever sans perte de temps en fournissant des sommes de son épargne, etc., et en se servant des sommes que vous avez accordées.

Riquet, entrepreneur, propose d'achever les travaux dans quatre ans au lieu de huit.

(1669, 2 *mars*, *de page* 62 *à page* ....) On dit aux États que Sa Majesté ayant baillé, le 14 octobre 1666, l'adjudication des ouvrages du canal des mers au sieur Riquet, pour les exécuter dans huit années, à partir du 1er janvier 1667, le sieur Riquet a proposé de les achever dans quatre ans, etc., etc.

Les États imposent 700,000 liv., par emprunt, en avance sur les 2,400,000 livres.

Les États délibèrent d'accorder au Roi le nom et l'intervention de la province pour emprunter la somme de 700 mille livres, dont 500 mille pour les ouvrages du canal, et 200 mille pour le dédommagement des particuliers intéressés aux terres ; c'est une avance au Roi sur les 2,400,000 liv. déjà accordés.

Ils imposent en outre les 300,000 liv. annuelles.

(1669, 10 *avril*, *p.* 160.) Les États délibèrent pour la présente année 1669, l'imposition des 300,000 liv. pour les ouvrages du canal.

Nouvelle imposition de 300,000 liv.

(1670, 17 *janvier*, *p.* 72.) Même délibération pour l'année 1670.

Demande aux États pour obtenir la navigation de l'Agout.

(1670, 28 *janvier*, *p.* 88.) Les consuls de Castres et de Lavaur disent que leurs diocèses sont entrés, il y a cinq ans, dans la navigation de la rivière de l'Agout par la seule vue de plaire au Roi, dans le dessein que Sa Majesté avait alors de se servir de cette rivière pour le canal de jonction des mers, qu'on a conduit par Toulouse ; ils demandent l'intervention de l'assemblée pour obtenir la continuation des ouvrages, et par conséquent des secours du Roi.

Les États accordent 2,000,000 au Roi pour les travaux du port de Cette.

(1671, 5 *février*, *p.* 80.) Les États accordent au Roi la somme de 2,000,000 liv., payables en cinq années pour l'entière perfection du canal, port de Cette, communication des étangs.

(4)

(1671, *février, p.* 87.) On voit qu'au 1ᵉʳ janvier 1672 les États a-
vaient déboursé, en capital ou intérêts, pour le canal la somme
de. . . . . 814,144 liv.
Plus quatre fois 500,000. . . . . 1,200,000 liv.

2,014,144 liv.

On calcule ce qui restera dû sur les 2,400,000 liv. accordés pour le
canal, etc.

Situation des travaux du canal.

(1671, 31 *décembre, page* 39 *à page* .....) Mᵍʳ l'évêque de Saint-
Papoul, un des commissaires pour la vérification des ouvrages du
canal de jonction des mers, et pour procéder avec les commissaires du Roi à l'estimation des terres et autres indemnités dues aux
propriétaires desdites terres, a fait le rapport de l'état présent des
ouvrages; il dit qu'on y a travaillé sans interruption, en sorte que le
canal est navigable depuis Naurouse jusqu'à la Garonne, sur une
distance de sept lieues; que le canal a été continué depuis Naurouse
jusqu'à Trèbes; et que depuis Cabezac, tirant vers Agde, il en a trou-

Rigole rendue naviga-ble.

vé plus de dix mille toises en entière perfection; qu'on a rendu la
rigole, depuis le fond de la Montagne-Noire jusqu'à Naurouse, qui
en est éloigné de huit à neuf lieues, navigable, afin qu'elle servît à
divers usages pour la commodité du commerce.

Réservoir de Saint-Fer-réol.

Mᵍʳ l'évêque de Saint-Papoul a décrit aussi le grand réservoir de
Saint-Ferréol, dont la possibilité paraît plutôt dans l'expérience
qu'elle ne s'est formée dans l'imagination.

Retard dans le paie-ment des indemnités.

Il a trouvé des terres qui n'avaient pas été encore estimées et des
propriétaires non remboursés, etc., etc., et qu'il faut payer.

Ponts sur le canal.

Il a dit que l'assemblée devait prier M. l'intendant de faire faire
des ponts sur le canal en faveur de l'agriculture, etc.

Les États avisent au remboursement des terres et indemnités, etc.

(1672, 2 *janvier, p.* 42.) Autre liquidation de sommes que la province doit au Roi sur les 2,400,000 liv. accordés en 1667.

Situation des travaux du canal.

(1673, 25 *janvier, de page* 103 *à page* 105.) Mᵍʳ l'évêque de Saint-
Papoul, etc., dit qu'on a ouvert le canal en plusieurs endroits, depuis Trèbes jusqu'à Marseillan; qu'on y a fait l'estimation des terres
prises pour 37,096 liv. 4 s. 1 d., à laquelle il faut pourvoir sur le

Des fonds promis au Roi.

reste 154,659 liv., que la province doit encore au Roi pour complé-

Demande de ponts.

ter les 2,400,000. liv. — Qu'on n'a pas encore satisfait à la demande des ponts sur le canal, et que la plupart des habitants se trouvent dans la nécessité de laisser leurs terres incultes; qu'il est indispensable d'obtenir ces ponts, etc., etc.

Les États délibèrent conformément au rapport.

Situation des travaux du canal.

(1673, 13 *décembre, de page* 38 *à page* 40.) Mgr l'évêque de Saint-Papoul a dit, que depuis Tholose jusqu'à Castelnaudary on attend avec impatience le moment où les écluses auront séché pour profiter de la navigation; que depuis l'année dernière l'entrepreneur du canal a ouvert beaucoup de terres, les propriétaires desquelles n'ont pas été remboursés; que l'agriculture souffre beaucoup du manque de ponts; que le Roi ne voudrait pas que cet ouvrage qu'il a procuré au Languedoc soit mêlé d'aucune incommodité; qu'à l'égard du port de Cette les étrangers y viennent déjà mouiller; que la grande jetée est avancée de trois cents toises dans la mer, et que celle qu'on a commencée du côté de la plage en a déjà deux cents.

Demande de ponts, etc., au Roi.

Les États délibèrent que MM. les commissaires du Roi seront priés de faire les fonds, soit en les prenant sur ce que la province doit de reste des deux millions qu'elle a accordés à Sa Majesté en l'année 1671, soit autrement; comme aussi d'ordonner qu'il sera construit des ponts sur le canal aux endroits indiqués par MM. les commissaires du Roi et des États; enfin de faire procéder incessamment à l'estimation des terres que l'entrepreneur du canal a ouvertes, etc.

(1674, 15 *janvier, de page* 89 *à page* 93.) Mgr l'évêque de Saint-Papoul a dit, et les États ont délibéré, et M. l'intendant, suivant les intentions du Roi, a approuvé :

1°. Que la province verserait 112,926 liv., restant dû des 2,400.000 accordés en l'année 1667, pour être employées au remboursement des propriétaires des terres.

2°. Que cette somme n'étant pas suffisante, les derniers paiements de celle de 2,000,000 accordées en 1671, serviraient à la compléter.

Délibération des États en faveur des ponts, approuvée par les commissaires du Roi.

3°. Qu'avant le mois de juillet les estimations seraient achevées et les ordres donnés pour la construction des ponts, particulièrement aux endroits où le canal traverse le grand chemin.

Riquet poursuivi par ses créanciers.

(1674, 15 *décembre, p.* 26.) On lit que les créanciers du sieur

Riquet ont fait divers baniments à M. Pennantier, payeur, ce qui avait empêché ce payeur de lui délivrer cent mille livres.

(1675, 4 *janvier*, *p.* 57.) Les États délibèrent que Mˢ l'évêque de Saint-Papoul priera M. l'intendant de faire en sorte que l'entrepreneur du canal ne fasse point de nouvelles ouvertures de terres, qu'après que les endroits commencés aurent été perfectionnés, tant pour l'entière excavation des terres que pour la construction des écluses, et pour les ponts qu'il est obligé de faire.

(1676, 7 *janvier*, *p.* 50.) Les commissaires du Roi ont dit que la navigation qui se fait aux deux extrémités du canal, ne permet pas de douter de la possibilité du reste; qu'il s'agit de délibérer s'il faut abandonner cette entreprise, qui a déjà consommé huit millions de livres, dont le Roi a fourni plus de la moitié, ou de faire de nouveaux

fonds. — Que Sa Majesté désire que les États continuent de faire pendant quatre ans un fonds de quatre cent mille livres par an comme ils ont fait depuis quelque temps.

Que Sa Majesté désire aussi que l'assemblée nomme des députés pour visiter le port de Cette, juger des ouvrages à faire pour y entretenir la profondeur nécessaire, de concert avec MM. les commissaires du Roi.

M. l'archevêque de Tholose répond que cette proposition est contraire aux termes exprès des premiers traités, d'après lesquels la province pouvait espérer de n'être plus obligée de contribuer aux travaux du canal et du port de Cette, mais que Sa Majesté pourvoirait au paiement des terres occupées par le canal, submergées par la transpiration ou l'épanchement des eaux, et des ponts sur le canal, ce qui n'a pas été exécuté; que l'assemblée examinera, et fera savoir ses résolutions à MM. les commissaires.

(1676, 11 *janvier*, *p.* 54.) Les États délibèrent de payer à Sa Majesté la somme qu'elle demande, de seize cent mille livres dans quatre années, pour achever le canal, payer les terres prises et dommages causés, et construire des ponts, sans quoi les terres demeurent incultes. — A l'égard du port de Cette, on en délibérera incessamment.

(1676, 18 *janvier*, *p.* 59.) Sur les instances faites aux États de la part du Roi, ils délibèrent qu'il sera imposé une somme de 60 mille livres, en trois années consécutives à commencer la présente, pour être employée à nettoyer l'avant-port du cap de Cette. — Ils délibèrent aussi qu'on vérifiera ce qui est à faire au grau de la Nouvelle. — Que Sa Majesté sera suppliée de faire jouir la ville de Narbonne de la crue appelée *petit-blanc,* mise sur les gabelles du Languedoc, dont le Roi avait accoutumé de laisser les fonds, etc., pour être employée, selon sa première destination, à l'entretien des écluses de Salelles et du canal qui va de la rivière d'Aude jusqu'à la mer, par Narbonne, qui, dit-on, doit nous être d'autant plus précieux, qu'il nous a été laissé par les Romains.

Demande au Roi pour la robine de Narbonne.

(1677, 28 *janvier, p.* 56 et 57.) Mgr l'archevêque de Toulouse et autres commissaires nommés pour examiner l'estimation des terres prises par le canal, ont rapporté que l'année dernière, au mois de février, les États crurent devoir, par charité, faire payer aux particuliers dont on avait estimé les terres, l'intérêt de cette estimation, et imposer à ce sujet 55,000 livres.

Les États imposent 55,000 liv. pour paiement de terres.

Les États délibèrent encore, pour le même objet, une imposition de 55,408 livres, et que Sa Majesté sera suppliée d'assigner un fonds à la province pour le remboursement desdites terres, conformément aux traités de 1667, 1669 et 1671.

Ils imposent 55,000 liv. idem.

(1678, 15 *janvier, p.* 60.) Les États délibèrent d'imposer la somme promise au Roi pour le canal.

Ils imposent les 1,600,000 liv. ci-dessus.

(1679, 18 *janvier, p.* 209 *et* 210.) On lit aux États une lettre écrite par M. *Colbert* au cardinal de Bondy. Il lui dit : j'écris à M. d'Aguesseau par ordre du Roi sur la proposition que le sieur Riquet a faite de demander le crédit de la province pour emprunter une somme de 300,000 l., pour avancer et achever entièrement les travaux du canal pendant cette année, en donnant à la province toutes les sûretés nécessaires, etc., etc. Je me remets au surplus à ce que ledit sieur d'Aguesseau vous dira.

Riquet demande le crédit de la province pour emprunter 300,000 liv.

(1679, 19 *janvier, p.* 210.) Mgr le cardinal de Bondy a dit aux États que le sieur Riquet lui avait offert son obligation particulière et celle de ses enfants, ensemble l'engagement de la seigneurie du canal; le droit de pêche, la faculté de faire des moulins sur ledit canal, et de la navigation à l'exclusion de tous autres qui lui avait été accordée par Sa Majesté, et qui faisait partie de son prix fait; que la commission, après avoir discuté toutes choses, avait pensé que la province

Refus du crédit à Riquet.

ne pouvait trouver des sûretés suffisantes avec lui qui pussent l'obliger à emprunter une somme de 3oo,ooo l. pour la lui prêter; mais parce qu'il lui avait paru que Sa Majesté désirait la perfection de cet ouvrage pendant la présente année, et qu'elle veut le visiter; la commission propose de donner pouvoir aux syndics généraux d'emprunter la somme demandée, et que pour le remboursement, la province s'en devait remettre à Sa Majesté, qui sera suppliée d'y pourvoir, en ajoutant la somme de.......... à ce qui est dû encore de reste de celle........, pour laquelle Sa Majesté demande le crédit de la province, en 1673.

Les États accordent leur crédit au Roi pour les 3oo,ooo livres demandées par Riquet.

(1679, 18 *décembre, de page* 96 *à page* 101.) MM. les commissaires du Roi ont témoigné aux États le désir de Sa Majesté que la province se chargeât de payer la somme de 3oo,ooo livres, qui a été empruntée depuis les États derniers pour les ouvrages du canal; le cardinal de Bondy, rapporteur, rappelle pour *l'instruction de ceux qui n'assistèrent pas* à la délibération de cet emprunt, ce qui se passa.

Le Roi demande aux États la somme ci-dessus de 3oo,ooo liv.

Les États, par amour pour Sa Majesté, approuvent et ratifient les emprunts faits en conséquence de la délibération, se réservant de délibérer sur la manière de faire le paiement des 3oo,ooo livres.

Les États ratifient l'emprunt qu'ils ont déjà fait de cette somme.

(168o, 19 *décembre,* p. 149, *etc.*) Par suite d'une lettre écrite par le Roi, le 14 du présent mois, à Mgr le cardinal de Bondy, président des États, la province accorde au Roi son nom et son crédit pour une somme de 4oo,ooo livres, dont Sa Majesté a besoin pour l'achèvement entier des ouvrages du canal; elle l'accorde aux termes du traité qui fut fait le 13 décembre 1672, pour l'assurance aussi de la province du remboursement de ladite somme de 4oo,ooo livres, tant en principal qu'intérêts. — Suit la copie de la lettre du Roi, etc.

Les États accordent au Roi leur crédit pour avoir 4oo,ooo liv.

(168o, 19 *décembre, page* 154 *à page* 164.) Mgr l'évêque de Béziers dit que les officiers de la province ont fait faire, au mois de décembre dernier, l'estimation des terres que le canal occupe dans les consulats de Marseillette et de Pécheiric, qui n'avaient pas été encore excavées; que toutes les terres prises depuis l'étang de Marseillan jusqu'à l'embouchure du canal dans la Garonne, ont été estimées; qu'il y en a qui ne sont pas payées; qu'il serait bon de donner pouvoir aux syndics généraux d'emprunter la somme de 3oo,ooo livres

Rapport fait aux États sur la situation des travaux du canal.

Nécessité de faire un fonds de 3oo,ooo liv. pour payer les terres, etc.

à ce sujet, en continuant les instances pour obtenir de Sa Majesté, lorsqu'elle le pourra, un fonds pour rembourser la province.

Qu'il faut procéder à la vérification des dommages dont se plaignent des propriétaires de moulins, contre l'entrepreneur qui a diverti leurs eaux pour les jeter dans le canal ou dans la rigole.

Qu'à l'égard des dommages causés par l'épanchement des eaux du canal sur les terres voisines, on a prié M. d'Aguesseau d'obliger l'entrepreneur du canal de faire les épanchoirs nécessaires; à quoi il a été répondu que le sieur *La Feuille,* inspecteur du Roi aux ouvrages du canal, se transportera sur les lieux pour convenir, avec les officiers de la province, des endroits où lesdits épanchoirs pourront être placés; ayant été néanmoins jugé par les commissaires qu'il n'y avait lieu à légitimité de demandes pour irruption ou transpiration des eaux, que lorsque les terres étaient hors d'état de pouvoir être jamais cultivées.

Que pour ce qui regarde les ponts, MM. les commissaires avaient jugé qu'il y en avait de quatre sortes : la première pour grands chemins; la seconde les ponts de traverse, et qui communiquent les provinces voisines et plusieurs diocèses aux villes, et qui sont aussi nécessaires que ceux pour chemins de la poste; la troisième, les ponts pour faciliter le commerce de quelques communautés voisines du canal; et la quatrième les ponts de communautés qui doivent servir pour la ménagerie des contribuables.

Que la commission était d'avis que la province devait faire les premiers ponts et les seconds, sur quoi elle était obligée de dire qu'il avait été donné pouvoir aux syndics d'emprunter la somme de S x° l.; qu'à l'égard des autres ponts, le diocèses, chacun en droit soi, devaient en faire la dépense, et que les communautés dans le district desquelles ils seront situés, contribueront chacune de son préciput, et seront chargées de l'entretenement desdits ponts pour l'avenir.

Les États ont délibéré que l'avis de MM. les commissaires sera exécuté en tous chefs; qu'il sera imposé en l'année 1681, la somme de 45,812 liv. 16 s., pour l'intérêt d'une année, au denier 18, des sommes dues pour terres occupées par le canal; que les syndics emprunteront 500,000 liv. pour payer les plus petits propriétaires, etc.

(1680, 19 *décembre, p.* 176.) Les États délibèrent un fonds de 400 livres pour l'entretenement des huit ponts, que la province a fait construire sur le canal, aux endroits qui coupent le grand chemin qui va à Tholose.

Autre emprunt de 250,000 livres pour paiement de terrain et pour les ponts.

(1681, 12 *janvier, de page* 205 *à page* 213.) Mgr l'archevêque de Toulouse et les États délibèrent qu'il sera donné pouvoir aux syndics-généraux d'emprunter la somme de 250,000 liv. pour parfaire avec les 300,000, accordées en 1680 à l'entier paiement des terres, etc., et à la construction des ponts; il était dû pour les terres, en 1680, 508,117 liv. Il faut, pour les terres du réservoir de Saint-Ferréol, 11,580 liv.; autres dommages et frais d'experts, 20,000 liv.; il faut encore 10,000 liv. pour les ponts.

Rapport aux États sur le projet de navigation de l'Agout.

(1682, 13 *novembre, p.* 38.) M. le baron de Villeneuve a dit que les diocèses de Lavaur et de Castres s'étant engagés dans une dépense de plus de 400,000 liv., pour rendre navigable la rivière d'Agout, priaient les États de prévenir, par leur secours, la ruine de ces deux diocèses.

Rapport aux États sur le paiement des terres.

Les États imposent 14,200 liv. environ.

(1682, 2 *décembre, de page* 137 *à page* 142.) Mgr l'archévêque de Tholose a fait un rapport au sujet du remboursement des propriétaires de terres occupées par le canal, etc. — On y voit que l'on a cru qu'il fallait attendre que le canal fût achevé, et navigable d'un bout à l'autre, pour marquer les endroits où on doit placer les épanchoirs; que la chôme des moulins paraissait devoir être encore payée, comme par le passé, au quart du revenu de l'estimation faite par les experts, ce qui exige un fonds de 5537 liv., compris l'année 1683; que des terres entièrement perdues exigent aussi un fonds de 7675 livres.

Ainsi délibéré.

Rapport aux États sur les travaux déjà finis pour la navigation de l'Agout.

(1682, 11 *décembre, de page* 170 *à page* 175.) Mgr l'évêque de Lavaur a rapporté qu'il avait été dit à la commission, qu'il avait été établi en l'année 1667 un droit de subvention sur la viande et certaines denrées qui se consommeraient dans les diocèses de Castres et de Lavaur, pour en employer les deniers aux ouvrages de la navigation de l'Agout; que les syndics des diocèses avaient joui du droit depuis le 1er janvier 1668 jusqu'au 31 décembre 1671, et qu'ils avaient commencé lesdits travaux; qu'ensuite il avait été passé un bail le 17 mai 1671, par M. de Bezons, alors intendant de la province, par lequel il paraissait que l'adjudication avait été baillée au sieur *Ricomme,* à condition qu'on lui remettrait la somme de lxxn^q liv. qui était entre les mains des syndics à cause du droit de subvention, et qu'on lui donnerait la jouissance de ce même droit pendant seize ans dans le diocèse de Castres, à commencer du 1ᵉʳ janvier 1672, et pour vingt ans dans le diocèse de Lavaur; que, d'après l'afferme de ce droit de subvention, le prix du bail revenait à 511,000 liv., et que l'entrepreneur était obligé d'achever tous les ouvrages le 31 décembre 1679; qu'ayant fait lecture dudit bail ils avaient remarqué l'offre de faire chaque écluse pour x61 § liv., et qu'il y en avait dix-neuf en tout; et pour 1 x § liv. pour chaque chaussée, y en ayant cinq en tout.

Que le sieur de La Feuille, inspecteur pour le Roi dans la province de tous les ouvrages de cette qualité, avait assuré MM. les commissaires que ceux-ci seraient en état d'être reçus le 1ᵉʳ janvier prochain.

Il a été délibéré que les syndics des diocèses de Lavaur et Castres sommeront l'entrepreneur, par acte, d'avoir terminé ces travaux au plus tard dans le mois d'avril, etc., etc.

(1683, 6 *novembre*, *p.* 65.) Le sieur de Montbel, syndic-général, a dit que l'entrepreneur des ouvrages de l'Agout pour la navigation, est venu lui dire qu'ils sont présentement dans leur perfection, mais qu'il demande, conformément à son bail, une ordonnance de M. d'Aguesseau, qui enjoigne aux propriétaires riverains de couper les arbres obstruant le chemin de tirage et nuisant à la navigation. — On nomme des commissaires pour procéder à la vérification des ouvrages, et on charge les syndics-généraux de poursuivre devant M. d'Aguesseau l'ordonnance demandée.

(1683, 17 *novembre*, *de page* 93 *à page* 95.) Sur le rapport de la commission pour vérifier les terres prises pour le canal, dommages, épanchoirs, etc., les États délibèrent :

1°. L'imposition de 4791 liv. pour dommages causés à divers particuliers.

2°. L'imposition de 22,000 liv. pour épanchoirs, en attendant le devis exact et passe des baux.

3°. L'imposition de 4000 liv. pour un pont à l'extrémité du faubourg de Castelnaudary, près du pont.

(1684, 6 *décembre*, *p.* 41.) Mgr l'évêque de Tholose, rapporteur de la commission du canal, a dit que sur le devis qui a été fait par le P. Mourgues, jésuite, inspecteur, par ordre du Roi, de tout ce qui

est à faire sur le canal, des épanchoirs et de la conduite des eaux, on
a adjugé les travaux, faute d'autres concurrents, au sieur Gilade,
directeur-général des ouvrages du canal; que les épanchoirs à fond
reviennent à 300 liv. la toise courante, et ceux à fleur d'eau à 200 liv.
la toise courante, et la toise cube de déblais pour conduite des eaux,
à 18 sols; qu'il y aura six nouveaux épanchoirs dans la division
de Narbonne, et quatorze nouveaux depuis Castelnaudary jusqu'à
Béziers; qu'il faudra faire à ce sujet un fonds de 44,062 liv. 18 sols. —

Demande de fonds à ce sujet, ainsi que pour les ponts.

Que, d'après le bail passé, le sieur de Riquet sera obligé d'entretenir
tant ces épanchoirs, comme faisant partie de l'entretien du canal,
que ceux déjà faits par lui, et que l'on a reconnus n'être pas convenables, ceux-ci devant coûter 9600 livres.

Garantie sur Riquet de-mandée par les États au sujet de l'entretien des é-panchoirs.

Qu'il faut faire aussi, pour nouveaux ponts, un fonds de 12,100 liv.

Ce qui a été délibéré, mais en ajoutant, par rapport à l'entretenement des épanchoirs par le sieur de Riquet, que les officiers de la
province prendront son obligation et hypothèque spéciale, et par
privilège sur tout ce qu'il retire du canal pour l'assurance de la province, ainsi que pour l'entretenement des épanchoirs qui pourront être
faits à l'avenir, et que la réception en sera faite devant le P. Mourgues,
jésuite, en qualité d'inspecteur de la part du Roi.

Les États imposent 53,665 liv.

On impose 53,665 liv.

Rapport sur la vérifica-tion des travaux de l'A-gout.

(1685, 6 *novembre, p.* 21.) Mgr l'évêque de Lavaur rend compte de
la vérification faite par les commissaires et le P. Mourgues, commis-
saire député par M. d'Aguesseau, des ouvrages sur la rivière d'Agout;
ils ont trouvé des excavations à faire dans le roc, auxquelles l'entrepreneur prétendait suppléer en élevant les chaussées.

Ils prient M. de Basville de demander le rapport du P. Mourgues
pour statuer sur cette affaire, afin d'empêcher le divertissement des
fonds destinés à cet ouvrage.

Rapport aux États sur le paiement des indemni-tés.

(1685, 29 *novembre, de page* 54 *à page* 58.) Mgr l'archevêque de
Tholose rend compte du travail de la commission, pour le paiement
des dommages causés par le canal pour les épanchoirs, etc. — Il cite,
dans son rapport, qu'il est dû au sieur Andréossy, architecte, les
vacations qu'il a employées à vérifier et toiser tant les épanchoirs
que la province avait délibéré de construire sur le canal, que les terres à excaver à la suite de ces épanchoirs, dont ledit sieur Andréossy

envoya le devis et estimations par lui faites aux officiers de la province.

Les États approuvent l'avis des commissaires; ils délibèrent une imposition, 1° de 900 liv.; 2° de n° liv. pour les vacations du sieur Andréossy; les États chargent, par exprès, les officiers de la province de faire intervenir le sieur Riquet aux actes qu'ils passeront pour les épanchoirs, et de stipuler son obligation pour l'entretenement, sans néanmoins stipuler ledit Riquet d'autres obligations, quoiqu'il soit porté par la délibération du 2 décembre 1684 qu'il en fournira de plus grandes.

(1686, 2 *décembre, de page* 97 *à page* 100.) D'après le rapport des commissaires pour les terres, etc., du canal, les États délibèrent :

1°. 1300 liv. pour la reconstruction du pont d'Argeliers, qui avait été fait par le sieur de Riquet, et qui est entièrement ruiné.

2°. Qu'il serait fait rapport des terres prises *pour le canal et excédant les six toises de chaque côté, pour aviser à la manière d'en disposer, par vente ou autrement.

3°. 200 liv. pour rectifier le cours en partie de la rivière de Tréboul.

4°. 1285 liv. pour la chôme d'un moulin pendant seize ans, qui échoiront le 31 décembre 1687.

5°. 200 liv. pour dommages résultants d'inondations provenant de ruptures faites au canal près de la Redorte.

(1688, 3 *décembre, de page* 86 *à page* 90.) D'après le rapport des commissaires pour les terres, etc., du canal, les États délibèrent :

1°. Que le compte du sieur Gilade, pour épanchoirs, etc., est arrêté à 61,201 livres.

2°. Que les officiers de la province avaient fait faire à M. de Riquet, président au parlement de Toulouse et propriétaire du canal, les soumissions et obligations pour l'entretenement des épanchoirs, de ceux qui ont resté ou doivent rester, Sa Majesté ayant fait faire des aquéducs à la place desdits épanchoirs.

3°. Que M. *Niquet,* ingénieur, serait prié d'examiner s'il pouvait être dû quelque indemnité, pour dommages, aux propriétaires du moulin neuf de Béziers.

4°. Que pour le moulin de Bagnols, le dommage provenait de la chaussée qui a été faite à la rivière pour faciliter la navigation du canal; qu'il n'y a présentement qu'une meule qui travaille sur sept

(14)

qu'il y en avait auparavant, lequel dommage avait été estimé, depuis le 1er octobre 1686 jusqu'au 6 novembre 1687, sur les baux d'afferme qui ont été remis, au tiers du revenu, et depuis le 6 novembre 1687 jusqu'au 20 mai 1688, à la moitié du revenu dudit moulin, etc., ce qui fait en tout 2582 liv. 15 s. pour ce chapitre, et dont on fait le fonds.

5°. 250 liv. au sieur La Brosse, pour l'indemniser d'un dommage à ses terres, certifié par le sieur Miolan, ingénieur du Roi, et commis pour les ouvrages du pont que le Roi fait faire sur la rivière de Cesse.

6°. 1249 liv. encore au sieur La Brosse, pour droits seigneuriaux.

7°. 538 liv. autres; 870 liv. au sieur de la Redorte.

Demande de 150,000 liv. aux Etats par le Roi. Délibéré et accordé.

(1688, 3 *novembre, p.* 9.) Les commissaires du Roi demandent aux États 150,000 liv. pour achever de perfectionner les ouvrages du canal des mers; les États la délibèrent, *page* 13, et le 14 novembre.

Autre demande de 150,000 liv. pour perfectionner le canal. Accordée.

(1689, 12 *novembre, p.* 10.) Les commissaires demandent aux États 150,000 liv. pour la moitié de celle de 300,000 liv. que S. M. a résolu d'employer encore au perfectionnement du canal, l'année prochaine 1690; les 150,000 liv. de l'année dernière ont été réduites à moitié.

Autre demande de 150,000 liv. Idem.

(1690, 30 *octobre, p.* 6.) Les commissaires du Roi demandent aux États 75,000 liv. faisant partie de celle de 150,000 liv. accordées au Roi aux derniers États pour le canal, et pareille somme de 75,000 l. pour les mêmes ouvrages pendant l'année courante; et que l'assemblée prît une délibération pour faire fonds de la somme de 30,000 l. pour chacun an pour le nettoiement et l'entretenement du port de Cette.

Les Etats prient Sa Majesté de se contenter de 75,000 liv.

Les États délibèrent, *page* 9, d'accorder à Sa Majesté la somme de 150,000 liv., et de supplier Sa Majesté d'agréer que la province ne fasse fonds, en l'année 1691, que de 75,000 liv., et de surseoir les ouvrages qui ne seront pas absolument nécessaires pour la navigation du canal; qu'il sera nommé des commissaires pour examiner la proposition relative au nettoiement du port de Cette.

Le Roi se contente de 75,000 liv.

(1690, 20 *novembre, p.* 27.) On annonce que le Roi se contente de 75,000 l. pour le canal; ils délibèrent aussi, *page* 30, les 30,000 l. par an pour le port de Cette, pendant trente ans (*voyez aussi page* 100).

Autre demande de 75,000 liv.

(1691, 5 *novembre, p.* 10.) Les commissaires du Roi demandent

Les États prient le Roi de se contenter de rien.

aux États 75,000 liv. pour perfectionner *idem* le canal; les États témoignent leur espoir que le Roi voudra bien renoncer à cette demande (*page* 11).

On voit, *page* 45, l'arrêt du 29 septembre 1691, qui homologue le traité du 13 décembre 1690, par rapport au dessablement, etc., du port de Cette.

Rapport aux États sur les indemnités de terrain pour rigoles.

(1691, 11 *décembre, de page* 99 *à page* 102.) Mgr l'archevêque de Toulouse, membre de la commission, pour rapports sur les dommages produits à l'occasion du canal par la construction des rigoles servant à la conduite des eaux des ruisseaux qui passent par des aquéducs sous le canal, fait imposer 36,000 liv., espérant toujours au remboursement par le Roi.

On paye encore plusieurs dommages pour construction primitive du canal ou rigole, *idem* moulin de Bagnols, 1,769 l. 5 s. pour l'année.

Des terres pour placer des rigoles ont été prises, excavées, avant estimation; on se plaint, à cet égard, pour 36,000 liv.

Plaintes portées contre le canal dans la traversée de la rivière d'Orb.

On prie le président de tenir la main à ce que les ingénieurs du Roi portent quelque remède à l'inconvénient de la rivière d'Orb pour le moulin de Bagnols, et de charger les officiers de la province d'y mettre toute leur application.

Les terres où l'on a changé l'emplacement du canal pour éviter des circuits, appartiennent à la province. Délibéré conformément au rapport.

Le Roi demande 75,000 liv. pour perfectionner le canal.
Accordé.

(1692, 26 *novembre, p.* 8.) Les commissaires du Roi demandent 75,000 liv. pour perfectionner le canal; ainsi accordée.

Proposition de rehausser la chaussée du moulin de Bagnols sur l'Orb.

(1693, 14 *janvier, page* 108 *à page* 113.) Les États considérant qu'il n'est pas d'autre moyen pour se débarrasser d'un revenu annuel au moulin de Bagnols que de faire rehausser la chaussée, et en même temps le corps du moulin, afin que le regonflement des eaux ne l'empêche pas à l'avenir de travailler, délibèrent qu'il sera donné

Somme donnée à ce sujet et à jamais.

à ce sujet, et une fois pour toutes, à jamais, de 6 m³ liv.

Fonds pour indemnités arriérées, etc.

On délibère aussi des impositions pour terres prises soit par les rigoles, soit même par le canal, ainsi que pour d'autres moulins.

Le Roi demande encore des fonds.

(1693, 15 *janvier, p.* 121.) Le Roi demande aux États la somme de CL9 liv. pour tenir lieu de celle L x x 6 ½ liv. qui ne fut pas imposée l'année dernière, et de pareille somme qui a été accordée cette

Les États accordent.

année; les États délibèrent l'imposition de la somme Lxxb liv. pour être employée aux réparations du canal.

Le Roi demande 75,000 livres.
Accordé.

(1693, 24 *novembre*, *p.* 9.) Les commissaires du Roi demandent 75,000 liv. pour le canal; accordé en priant d'y surseoir en tout ou partie.

(1695, 25 *octobre*, *p.* 11.) Les commissaires du Roi demandent 75,009 liv. pour le perfectionnement du port de Cette.

(1695, 20 *novembre*, *p.* 9.) Même demande pour le port de Cette.

Les États imposent pour paiement de terres prises pour contre-canaux, aquéducs.

(1696, 21 *janvier*, *de page* 129 *à page* 130.) Les États, sur le rapport de la commission, imposent une somme de 896 liv. pour paiement de terres non encore payées pour canal, contre-canaux et aquéducs, ou qui avait été omis entre le lieu de Marseillan et Carcassonne.

Ils vendront les terres au-delà de six toises de franc bord.

Ils délibèrent la vente de toutes les terres prises pour le canal au-delà de six toises de chaque côté.

(1697, 26 *novembre*.) Les commissaires du Roi demandent 75,000 l. pour le port de Cette.

Le Roi demande et les États refusent de fournir logement aux ingénieurs du Roi sur le canal.

(1698, 22 *janvier*, *p.* 120.) Les États supplient Sa Majesté de ne pas exiger d'eux de fournir logement aux ingénieurs du Roi sur le canal.

Les États imposent de nouveaux fonds pour indemnités et ponts.

(1698, 24 *janvier*, *de page* 141 *à page* 147.) Sur le rapport de la commission pour ouverture de contre-canaux, expertises de dommages, etc., les États délibèrent environ 16,000 liv. pour diverses indemnités; 12,000 liv. pour ponts à faire sur les ruisseaux d'Ognon et d'Argendouble.

Ils délibèrent encore que les syndics-généraux ne recevront à l'avenir nulles requêtes tendantes à de nouvelles vérifications des dommages qui ont été déjà vérifiés par les experts de la province.

Semblable imposition.

(1699, 6 *janvier*, *de page* 92 *à page* 95.) Sur le rapport de la commission, pour dommages à l'occasion du canal, les États délibèrent quelques fonds pour indemnités de terrain; 6500 liv. pour le parfait paiement des ponts d'Ognon et d'Argent-Double; 3000 liv. pour

Contre-canaux mal tracés à refaire.

les dommages soufferts par les entrepreneurs desdits ponts. — On remarque que des contre-canaux ont été mal tracés, qu'il y a eu des regonfles préjudiciables, et qu'il a fallu en abandonner quelques-uns pour les remplacer par d'autres.

(1700, 11 *janvier, de page* 75 *à page* 81.) Rapport de la commission pour dommages à l'occasion du canal; les ponts d'Ognon et d'Argent-Double sont finis; le ruisseau dit des Marais, dans partie de communauté de Villefranche, à finir de recreuser pour 2,200 liv. à imposer. — Refus de creuser aux frais de la province la rivière du Lers; 762 liv. à imposer pour grosses réparations des ponts; 75 pour demande faite au sujet d'un lopin de terre pris pour le pont de Villepinte, accordées parce que l'on dépenserait davantage pour faire l'estimation; quelques terres inutiles au canal vendues par la province; 750 liv. pour moitié du coût de travaux à exécuter à frais communs avec l'entrepreneur du canal, d'après l'avis du sieur de La Servière, ingénieur du Roi, qui est préposé aux travaux du canal sous la conduite du sieur Niquet, etc.; 900 liv. autres imposées pour indemnités de dîmes.

Ce qui a été délibéré en ajoutant que le syndic-général s'emploiera pour faire convenir les propriétaires du canal de contribuer de la moitié de la somme aux travaux ci-dessus; et qu'il ne sera plus reçu de nouvelles requêtes tendant à des indemnités pour des dommages causés par le canal.

(1700, 21 *janvier*, p. 151.) Les États délibèrent de nouveau le refus de fournir logement aux ingénieurs du Roi, employés à la conduite des ouvrages du canal de communication des deux mers et du port de Cette.

(1701, 5 *janvier, page* 54 *à page* 58.) Rapport de la commission semblable à celui ci-dessus, sans détails plus intéressants.

(1701, 8 *janvier*, p. 75.) Nouveau refus de fournir logement aux ingénieurs du Roi.

(1701, 3 *octobre*, p. 65.) On cite un arrêt du 30 mai 1701, contre les propriétaires de moulins et des terres qui avoisinent les rivières de Girou et de Lers, pour les obliger de faire creuser et élargir le lit desdites rivières.

(1701, 20 *octobre*, p. 125.) Autre refus pour logement aux ingénieurs du Roi.

Autre rapport sur les dommages à l'occasion du canal.

(1701, 22 *octobre, de page* 129 *à page* 154.) Rapport de la commission pour les dommages du canal etc., semblable à celle ci-dessus. On se plaint du canal par rapport à l'aquéduc de Frenicoupe, et à l'élargissement du ruisseau de Fresquel, à cause des eaux fournies par la rigole; mais M. Riquet pense que cet ouvrage n'est pas à sa charge. — La question reste indécise.

Le sieur Riquet doit-il contribuer ?

(1702, 1703, 1704, 1705.) Je ne trouve rien d'afférent au canal; cependant il paraîtrait qu'on s'en est occupé aussi.

Plus de commission; les rapports sont faits par un syndic général.

(1706, 28 *janvier, p.* 78.) Le sieur de Montferrier, syndic, rend compte de *sa visite* à l'aquéduc de Frenicoupe avec le sieur de La Servière, ingénieur du Roi, auquel M. le président Riquet avait remis ses intérêts. — Ils ont été d'avis opposé; le sieur de La Servière dit que la province a fait jusqu'à présent la dépense du prix des terres et des autres indemnités dues aux particuliers pour raison de dommages à l'occasion du canal, et même celles des épanchoirs, construits pour évacuer les eaux surabondantes du canal qui gâtaient les récoltes, et que l'intention du Roi est que la province continue d'y pourvoir.

Riquet remet ses intérêts à défendre entre les mains de l'ingénieur du Roi pour la rigole de Frenicoupe.

L'avis de cet ingénieur est contraire à la province.

L'assemblée délibère d'imposer 3,000 liv., moitié de celle 6,000 liv. qui serait nécessaire, l'autre moitié devant être à la charge de qui il appartiendra, après que les officiers de la province auront fait leur vérification suivant l'usage; du reste la rigole à faire devra être entretenue aux frais des riverains, qui s'y obligeront par acte.

Les États font la moitié des fonds nécessaires.

Délibération semblable pour autres 6,000 liv., relatives au ruisseau de la Serre près de Jouarres; on délibère au contraire le total des fonds pour l'approfondissement du ruisseau de Treboul, pour lequel on a fait un aquéduc dont le radier est plus profond que le sol du nouveau lit creusé auparavant; mais on fait convenir les riverains, par acte, de l'entretien à l'avenir.

Les États font au contraire tous les fonds pour le ruisseau de la Serre.

On renvoie devant M. le président Riquet, propriétaire du canal, les plaintes des riverains, inondés par la rigole.

Mais les riverains seront chargés de l'entretien.

(1707.) Rien, comme ci-dessus.

Plaintes contre Riquet au sujet de la rigole.

(1708, 19 *janvier, p.* 153.) On délibère 354 liv. pour les terres prises au sujet de la rigole de l'aquéduc de Frenicoupe. M. de Montferrier fait seul les rapports depuis 1706.

Nouveaux fonds imposés

(1708, 31 *décembre, de page* 50 *à page* 52.) L'évêque d'Agde rend pour l'aquéduc de Jouarres, etc., cet aquéduc est reçu par l'ingénieur du Roi.

compte des ouvrages faits pour la rigole de Villeneuve, qui conduit dans l'Orb les eaux du ruisseau de Saint-Victor, et qui ont été estimés 6,000 liv. — Il parle de l'aquéduc de Jouarres, pour lequel il avait été imposé 5,000 liv. en 1706, et 6,000 liv. en 1707, et qui se monte en tout à 14,205 liv., d'après la réception faite par le sieur de La Servière, ingénieur du Roi.—Il est délibéré que la rigole de Saint-Victor sera reçue par le sieur Rusquier, directeur du canal du Roi, en présence des consuls et députés de Villeneuve.

La rigole de Saint-Victor est reçue par un ingénieur du canal.

(1709, 21 *décembre, p.* 41.) Le sieur Rusquier a fait sa réception.

Plainte de Vias contre le canal royal.

(1710, 9 *janvier, p.* 80.) L'évêque d'Agde parle d'une requête présentée par la commune de Vias, qui se plaint d'inondations produites par le canal royal. — On délibère que les syndics-généraux feront la vérification des dommages et de la cause. — On donne des fonds pour la dernière fois en faveur d'une grosse réparation au pont, sur le canal, à Castelnaudary.

Devis du sieur Andréossy, ingénieur, pour le ruisseau de Treboul.

(1711, 19 *janvier, p.* 112.) Le sieur Dodars, syndic-général, rend compte des ouvrages faits pour approfondir le ruisseau de Treboul d'après le devis du sieur Andréossy, ingénieur; à raison de 1 liv. 18 s. la toise cube du recreusement, 33 liv. la toise carrée de pierre de taille, et 55 liv. la toise carrée de maçonnerie. Que le toisé avait été fait par le sieur *Broot-Ravret*, ingénieur sur le canal; le tout s'élevant à 4,000 liv.

Les travaux sont reçus par un ingénieur du canal.

Fonds imposés pour indemnité de dîme.

(1712, 28 *janvier, p.* 114.) Les États imposent provisoirement 6,000 liv. pour le paiement des sommes dues pour l'indemnité de la dîme, à raison de terres prises lors de la construction du canal royal.

Grande plainte portée aux États contre le canal par la ville de Béziers.

(1715, 25 *janvier, de page* 110 *à page* 114.) Msr l'évêque d'Agde rend compte des demandes d'indemnités de 197,000 liv., faites par la ville de Béziers, au sujet des ouvrages du canal sur la rivière d'Orb; que MM. de Niquet et de La Servière avaient discuté cette affaire avec MM. les commissaires, et qu'ils avaient soutenu que les irruptions dont on se plaignait n'étaient point causées par la construction de la digue sur l'Orb, ni par aucun autre ouvrage du canal. — Les États délibèrent que cette affaire ne les regarde pas comme responsables des dommages dont on se plaint.

Autre plainte par Villeneuve.

Il dit ensuite que les requêtes en plainte contre le canal, présentées par les communautés de Villeneuve, Cers et Portisagne, ont été communiquées au sieur de La Servière, ingénieur du Roi, préposé aux ouvrages du canal, et qui s'est trouvé à la commission, et qu'il a dit, « que pour ce qui regarde le creusement du canal, en cet en- » droit, il y donnerait ordre promptement, s'il y était vrai qu'il ne » fût pas à sa profondeur; mais qu'à l'égard des ruisseaux dont le » cours a été interrompu par la construction du canal, il ne peut ré- » pondre de ce fait. » Les États délibèrent que le syndic-général fera une vérification des lieux pour en rendre compte aux États pro- chains.

L'ingénieur du Roi a répondu qu'il ferait recreuser le canal s'il n'était pas à sa profondeur.

(1714, 14 *décembre, p.* 99.) On accorde enfin logement aux ingé- nieurs du Roi, puisqu'ils servent utilement la province dans les tra- vaux publics, et qu'il ne s'agit en tout que de 1,650 liv.

Logement demandé encore, et accordé aux ingénieurs du Roi sur le canal, etc.

(1716, 15 *janvier, p.* 45.) Les États considérant que les domma- ges soufferts par la dame de Vaudreuil ne sont pas arrivés par aucun fait qui regarde la province, délibèrent que le dédommagement pré- tendu par ladite dame ne les regarde pas. — Ce dédommagement est demandé au sujet des coupures qui ont été faites à la rigole qui porte les eaux dans le bassin de Saint-Ferréol, pour éviter que la chaussée de ce réservoir ne fût emportée par les eaux.

Craintes au sujet de la chaussée du réservoir de Saint-Ferréol.

(1717, 1718, 1719, 1720, 1721.) Je ne trouve rien, mais il fau- drait peut-être chercher avec *encore* plus de soin; cependant j'y en ai mis.

(1722, 7 *février, p.* 51.) Les États, d'après les conventions existan- tes, et d'ailleurs étant informés que le propriétaire du canal a sou- vent fait ses plaintes par des actes signifiés tant à la province qu'au diocèse, que des ponts en trop grand nombre sur le canal interrom- paient la navigation et ôtaient la facilité du commerce, délibèrent qu'il n'y a lieu d'entrer dans aucune dépense pour le rétablissement du pont de Madron.

Actes signifiés à la pro- vince par Riquet au sujet du trop grand nombre de ponts, etc.

(1724, 18 *février, p.* 93 à 97.) M. de Montferrier, syndic-général, rappelle que les États délibérèrent lors de la construction du canal royal, de payer aux particuliers les terres prises pour l'emplacement dudit canal, des francs-bords, des contre-canaux et des épanchoirs, ainsi que d'indemniser les seigneurs de la perte de droits seigneu- riaux, les communautés pour la taille, et les ecclésiastiques pour la

Nouveaux fonds impo- sés pour indemnités de droits seigneuriaux, dî- me, etc., dus encore.

dîme; les États imposent 9,000 liv. pour ces objets, et demandent un dépouillement pour ce qui pourrait être dû encore à ce sujet.

(1725, 1726.) Je ne trouve rien.

(1727, 27 *janvier, p.* 18.) Le sieur Favier, syndic-général, a dit qu'il avait obtenu un arrêt du 10 décembre 1726, qui, conservant le droit des États pour la direction des grands chemins et celui des diocèses ou ceux de traverse, défend au trésorier de France de la généralité de Toulouse, de rendre à l'avenir des ordonnances à ce sujet, et confirme l'attribution déjà accordée à M. l'intendant, par l'arrêt du 16 octobre 1724, au sujet des différents qui pourraient naître à l'occasion de la construction ou réparation des chemins.

Arrêt du conseil qui ordonne de constater par une visite solennelle la situation du canal royal.

(1728, 19 *janvier, p.* 93.) Un arrêt du conseil du 9 décembre 1727, contenant l'ordre de Sa Majesté, que la visite du canal du Languedoc soit faite par l'ingénieur qu'elle nommera à cet effet, en présence de telles personnes qu'il sera loisible aux États de proposer, et aux propriétaires du canal; l'avis de la commission est de prier Mgr l'archevêque de Narbonne de nommer des commissaires.

Les États approuvent l'avis de la commission.

(1728, 24 *janvier, p.* 120.) Il est dit que le sieur Clapiez demande à être payé désormais par avance et par quartiers.

Les États délibèrent que la somme de 6,000 liv., accordée par les États au sieur de Clapiez, ingénieur, pour ses appointements, lui sera payée à l'avenir par quartiers et par avance.

Rapport aux États de la commission nommée par suite de l'arrêt du conseil.

(1729, 27 *janvier, p.* 90, *etc.*) Mgr l'évêque de Mirepoix a dit, « que » le Roi voulant être informé de l'état du canal de communication des » deux mers; par un arrêt du conseil du 9 octobre 1727, que par l'in-» génieur qui serait nommé par Sa Majesté, il serait dressé procès-» verbal, tant de son état actuel que des réparations qu'il convient » de faire en présence de telles personnes qu'il serait loisible aux É-» tats et aux propriétaires du canal de proposer, lesquels pourraient » faire les observations qu'ils jugeraient nécessaires pour être insérées » dans le procès-verbal; qu'en conséquence de cet arrêt du conseil, » les États qui ont contribué pour des sommes considérables à l'éta-» blissement et construction de ce grand et magnifique ouvrage, et » qui sont très-intéressés à ce qu'il soit maintenu en bon état, avaient.

» par eur délibération du 19 janvier 1728, nommé des commissaires
» pour assister à cette vérification.

Le sieur de La Blottière, directeur des fortifications; sieur Palmas, autre ingénieur du Roi; le directeur-général des fortifications et l'ingénieur en chef de la province.

» Que le 5 mai, le sieur Touros, ingénieur du Roi, directeur-géné-
» ral des fortifications des places de Guyenne et des Pyrénées, nom-
» mé pour cette vérification par Sa Majesté, ayant, en présence du
» sieur de Montlibert, ingénieur en chef de cette province; du sieur
» de La Blottière, autre ingénieur du Roi, qui s'était rendu exprès à
» Toulouse, et du sieur Palmas, autre ingénieur, commencé ladite
» vérification à l'embouchure du canal dans la rivière de Garonne
» près la ville de Toulouse, continua jusqu'à Castelnaudary, où elle
» fut interrompue pour aller faire celle des rigoles de la montagne et
» de la plaine, du réservoir de Saint-Ferréol et du bassin de Naurou-
» se, reprise ensuite à Castelnaudary et continuée jusque dans l'é-
» tang de Thau, pendant laquelle MM. les commissaires des États a-
» vaient toujours été présents, et que le sieur Favier, syndic-général
» de la province, qui avait l'honneur de porter la parole pour MM. les
» commissaires des États, avait, dans la vérification, fait toutes les

Observations sur le rehaussement du niveau des eaux du canal, les rigoles, contre-canaux, aquéducs, moulins, francs-bords, etc.

» observations nécessaires sur la longueur et profondeur du canal, sur
» l'élévation prétendue des eaux, au moyen des madriers mis sur les
» entretoises des portes de quelques écluses; sur les rigoles et aqué-
» ducs, les contre-canaux, les moulins et francs-bords, et toutes les
» autres choses qui pouvaient mériter attention; et le sieur de Mariot-
» te, greffier des États, avait écrit avec son exactitude ordinaire les
» sondes faites dans toute l'étendue du canal, qu'on y avait bien re-
» marqué des améliorations faites depuis 1684, et qui sont rapportées
» dans le procès-verbal de M. de Touros, qui y a aussi expliqué les
» répararations qu'il y faut faire et que le canal était navigable d'un
» bout à l'autre; que le sieur de Touros avait remis au sieur Favier,
» syndic-général, un double de son procès-verbal signé de lui, qu'on
» jugerait sans doute à propos de faire remettre dans les archives de
» la province; que par arrêt du conseil du 24 août 1728, Sa Majesté
» avait chargé MM. les propriétaires du canal de faire faire ces répa-
» rations et celles qui pourraient y survenir dans la suite.

Les États délibèrent le dépôt aux archives du rapport de M. de Touros, directeur des fortifications.

» Les États ont approuvé ce qui a été fait par MM. les commissaires,
» et délibéré que le double du procès-verbal de cette vérification, fai-
» te par le sieur Touros, ingénieur du Roi, sera mis dans les archives
» de la province, avec la copie de celui de la précédente vérification,

» faite en l'année 1684, par feu M. d'Aguesseau, alors intendant de
» cette province; qu'attendu que l'assemblée va incessamment se sé-
» parer, l'examen des plaintes des riverains du canal qui ont été por-
» tées à MM. les commissaires pendant la vérification, et contenues
» dans les mémoires à eux remis, est renvoyé aux États prochains; et
» au surplus, que la dépense faite à l'occasion de cette vérification et
» arrêtée par MM. les commissaires, sera comprise dans le comp-
» tereau.

Les États délibèrent aussi l'examen, aux États prochains, des plaintes des riverains du canal.

Malgré cette annonce, les cahiers ou livres des délibérations des États cotés 1730 et même 1731, ne renferment ni l'énoncé ni l'examen des plaintes portées.

Cet examen paraît n'avoir pas été compris dans les procès-verbaux suivants.

(1732, 20 *février, p.* 74.) Les États délibèrent que le pont de Montgiscard, sur le canal, doit être entretenu par cette communauté. (*Pont sur le bassin de l'écluse.*)

(1732, 20 *février, p.* 76.) Mgr l'évêque de Béziers dit ; que la commission a examiné les mémoires de Bonneville, Pechabout et Castanet, disant que les aquéducs et rigoles construits dès 1688 et terminés en 1697 (huit ans) par la province, dans le but d'empêcher la ruine des terres où des eaux croupissent, sont tellement comblés de sables qu'ils sont à présent inutiles, et que les meilleurs fonds sont inondés.

Rapport aux États des plaintes de diverses communes au sujet du comblement d'aquéducs et rigoles.

Les États sont priés de vouloir bien faire recreuser ces aquéducs et rigoles, ou d'y obliger les propriétaires du canal royal, et de faire construire un nouvel aquéduc à la *Joncasse.*

Demande de l'aquéduc de la Joncasse.

Il est délibéré que, d'après les ordonnances rendues par M. de Basville en 1701 et 1711, ces ouvrages sont à la charge du canal, soit en tout, soit en partie.

Les États délibèrent le recreusement à demi-frais.

Que M. Clapiéz est chargé de vérifier les lieux, et de rapporter la nécessité de l'aquéduc de la Joncasse et le devis, pour y être délibéré aux États prochains.

Le devis de l'aquéduc par l'ingénieur de la province.

Que les syndics-généraux suivront, devant M. l'intendant, l'exécution de l'arrêt du conseil du 20 décembre 1726 sur le recreusement de la rivière du Lers, et feront à cet effet toutes les procédures et poursuites nécessaires.

La poursuite par les syndics du recreusement du Lers.

(1732, 22 *décembre, p.* 78.) Les communautés ci-dessus renouvellent leurs plaintes et demandes; mais, disent-ils, les ouvrages du canal regardent le directeur des fortifications, qui en doit rendre

Communication du projet d'aquéduc à l'ingénieur en chef du Roi, directeur des fortifications.

compte à la cour : il faut nécessairement, avant commencer l'aquéduc · de la Joncasse, l'avoir communiqué au sieur de La Blottière, directeur des fortifications, qui, sur les mémoires du sieur Clapiéz, convenait de la nécessité de l'ouvrage.

Les États délibèrent, 1°. que par le sieur de La Blottière, conjointement avec le sieur Clapiéz, l'utilité de l'aquéduc sera constatée, et qu'il sera imposé 10,000 liv. à ce sujet.

2°. Qu'ils vérifieront aussi les ouvrages que veulent faire les propriétaires du canal, pour empêcher ce canal d'être rempli par les sables du Gardigeol, parce que si ces ouvrages sont faits, les riverains essuieront encore plus de dommages de la part de ce ruisseau.

(1754, 8 *janvier, p.* 56.) Les États délibèrent une nouvelle somme de 10,000 liv. pour l'aquéduc de la Joncasse.

(1755, 5 *janvier, p.* .) Les fonds pour cet aquéduc ayant été épuisés, ainsi que pour l'ouverture des canaux de dérivation des deux côtés de cet aquéduc, les États délibèrent un nouveau fonds de 10,000 liv.

(1755, 25 *janvier, p.* .) La commission a examiné la taxe à exiger des propriétaires du canal royal, en représentation du dixième du revenu de ce canal, — vu le rôle arrêté par le Roi en 1711, dans lequel ce diocèse n'est porté qu'à 6,000 liv.; vu l'augmentation d'environ le double des taxes depuis 1711, les États délibèrent que les propriétaires du canal paieront 10,000 liv. par année, somme à laquelle on avait évalué le dixième du revenu des années communes, déduction faite des charges.

(1757, 8 *janvier, p.* 41.) Autres fonds de 16,196 liv. délibérés pour l'aquéduc de la Joncasse;

(1757, 16 *janvier, de page* 65 *à dage* 67.) La communauté de Gardouch se plaint encore des ravages que causent aux récoltes les inondations fréquentes du ruisseau de Gardouch, qui portent en même temps un grand préjudice au canal royal, sur les digues duquel les autres eaux passent, et déposent ensuite une grande quantité de sable.

Les États délibèrent que les propriétaires du canal rendront libre le passage de l'aquéduc de Gardouch; que les riverains intéressés recreuseront le lit dudit ruisseau, et que MM. les commissaires du diocèse de Toulouse sont autorisés à adjuger l'ouvrage desdits recreusemens sur le devis du sieur Clapiéz, et à en faire imposer la dépense sur lesdites communautés et particuliers intéressés audit ouvrage.

Plaintes au sujet du Lers.

(1737, 19 *janvier, de page 83 à page 87.*) Mgr l'évêque d'Alais rend compte des pertes de récoltes et des maladies résultantes du mauvais état de la rivière du Lers et de ses inondations. — Il rappelle l'arrêt du conseil de 1726, sur le recreusement et l'alignement de cette rivière; la délibération du 11 janvier 1729, par laquelle les États avaient accordé au diocèse de Toulouse 45,000 liv. pour l'aider, etc.; la vérification par MM. de La Blottière et Clapiéz en 1732.

Les États délibèrent; 1° de demander qu'il plaise à Sa Majesté ordonner que les moulins situés sur la rivière de Lers seront détruits.

Les États délibèrent de venir au secours du diocèse de Toulouse.

2°. Qu'il sera imposé, au profit du diocèse de Toulouse, une somme de 45,000 liv., savoir 20,000 cette année et 25,000 l'année prochaine, à condition toutefois que le diocèse de Toulouse fera cette année les fonds d'une pareille somme de 20,000 liv., et qu'il pourvoira à se procurer l'année prochaine celle de 25,000 liv., soit par impôts ou emprunt à supporter par les communautés riveraines de Lers, dans telle proportion qu'il le jugera convenable.

Plaintes de dix-huit communes contre le canal, au sujet de la rigole.

(1737, 29 *janvier.*) Mgr l'évêque d'Alais expose les plaintes de dix-sept communautés du diocèse de Lavaur, et de celle de Saint-Félix, à raison des inondations de leur terrain par les eaux de la grande rigole, à raison du défaut d'entretien de cette rigole. —

Le sieur Clapiéz examinera les lieux avec un agent du canal.

Les États délibèrent la vérification des lieux par le sieur de Clapiéz, en présence des syndics et de l'agent qui sera préposé par les propriétaires du canal.

On n'a pu s'entendre avec le canal au sujet des épanchoirs, aquéducs, rigoles.

On expose ensuite qu'on n'a pu convenir avec les propriétaires de l'exécution de la délibération du 20 février 1732, et autres précédentes, tant sur la construction des épanchoirs, des aquéducs et rigoles, que pour leur entretien.

Vérification demandée au sieur Clapiéz pour en venir à un règlement.

Les États délibèrent que le sieur Clapiéz vérifiera tous les ouvrages faits, soit pour l'écoulement des eaux surabondantes du canal, soit pour donner un cours aux eaux des ruisseaux et rivières ou autres eaux des plaines au travers desquelles passe le canal royal, afin que sur le rapport dudit sieur Clapiéz, les États déterminent, de concert avec les propriétaires dudit canal, par forme de règlement, comment il doit être pourvu à l'entretien de ces ouvrages.

4

Les États délibèrent aussi que les communes de Deyme et Donneville imposeront provisoirement, et sans préjudice de ce qui pourra être déterminé par rapport à l'entretien des rigoles, les sommes qui seront jugées nécessaires par MM. les commissaires ordinaires du diocèse de Toulouse pour l'entretien de la rigole, qui conduit les eaux au sortir de l'aquéduc de la Joncasse, construit nouvellement; que le bail dudit entretien sera passé par lesdits sieurs commissaires, qui n'en feront délivrer le prix que lorsque l'entrepreneur y aura satisfait, et qu'ils régleront en même temps la somme pour laquelle chacune des communautés doit y contribuer.

Le syndic-général assistera le sieur Clapiéz dans la vérification ci-dessus.

(1737, du 30 novembre, de page .....) Mgr l'évêque d'Alais a dit que la vérification qui fut ordonnée par la délibération du 29 janvier dernier, relativement aux moyens à employer pour éviter les inondations de la grande rigole, n'ayant pu être effectuée, attendu que le sieur de Clapiéz a été occupé à la vérification du chemin d'Auvergne, il convient de renouveler la délibération; et sur la représentation du sieur de Clapiéz, MM. les commissaires ont été d'avis que M. le syndic-général fût présent à cette vérification, ce qui a été ainsi délibéré.

Rapport aux États de la vérification au sujet des épanchoirs, aquéducs, rigoles.

(1759, 29 janvier, de p. 122 à 136.) L'évêque d'Alais a dit que le 30 janvier 1737, il fut délibéré de charger le sieur de Clapiéz de vérifier, en présence des syndics des diocèses de Lavaur et de Toulouse, et du sieur Lafeuillade ou autres personnes préposées par MM. les propriétaires du canal, si les dommages dont les communautés des diocèses de Lavaur, Toulouse et Saint-Papoul se plaignaient, proviennent du défaut d'entretien de la rigole, et ce que les sieurs propriétaires doivent faire en ce cas pour les prévenir;

Qu'il paraît aussi par la même délibération que les syndics-généraux ayant été chargés l'année précédente d'obliger les propriétaires du canal et les riverains d'entretenir les aquéducs, rigoles et contre-canaux, et de poursuivre à cet effet tous arrêts ou ordonnances nécessaires, n'avaient pu convenir également avec le sieur Lafeuillade les engagements réciproques des uns et des autres; et qu'il fut aussi résolu de faire vérifier en même temps, par le sieur Clapiéz, les épanchoirs, aquéducs, rigoles, et afin que sur le rapport dudit sieur de Clapiéz, contenant son avis sur la nature des ouvrages et sur leur utilité, les États pussent, de concert avec MM. les propriétaires du canal, déterminer par forme de règlement comment il doit être pourvu à leur entretien.

Que cette vérification a été faite en 1738, en présence du sieur Joubert, syndic-général; que le sieur de Guilleminet, greffier, y a aussi assisté, en conséquence des ordres de Mgr l'archevêque de Narbonne; et que les syndics des diocèses y ont pareillement été appelés, après avoir été chargés de donner connaissance aux communautés de ce qui en devait faire l'objet;

Que dans le cours de cette vérification, il avait été porté beaucoup de plaintes de la part des communautés et des particuliers dans toute l'étendue du canal, depuis Agde jusqu'à Toulouse, et que les sieurs Joubert, Guilleminet et Clapiéz ont cru être obligés de recevoir ces plaintes, et d'en faire mention dans le procès-verbal.

Qu'indépendamment de ce procès-verbal, il a été dressé par le sieur de Clapiéz un rapport particulier de l'état des aquéducs, rigoles et contre-canaux, et de la rigole de dérivation; qu'il a été donné copie de ce procès-verbal et du rapport à MM. les propriétaires du canal; qu'il en a été aussi fait lecture à la commission, et que c'est ce qui l'a mise à même de se déterminer sur les différents chefs de cette affaire.

Qu'on peut les réduire, 1° aux dommages dont plusieurs communeautés des diocèses de Lavaur et de Saint-Papoul s'étaient plaintes; 2° aux représentations des consuls de Béziers au sujet du pont qui est sur la rivière d'Orb; 3° au règlement qu'il convient de faire pour l'entretien des épanchoirs, aquéducs et rigoles; et 4° aux moyens de remédier aux autres dommages dont il est fait mention dans ledit procès-verbal.

Que sur le premier chef, des conventions ont été passées entre les députés des deux diocèses et les propriétaires du canal, à la charge d'être autorisés par les États; que la commission en a approuvé la disposition.

Que sur le second chef, etc. (*On en verra plus bas le résultat.*)

Qu'en troisième lieu, MM. les commissaires ont dressé les articles du projet de règlement sur l'entretien des épanchoirs, aquéducs, rigoles et contre-canaux, de concert avec MM. les propriétaires du canal; et qu'il ne reste qu'à en ordonner l'exécution, au cas que l'assemblée juge à propos de l'approuver.

Qu'en quatrième lieu, le même règlement contient aussi quelques disposition au moyen desquelles on peut espérer de prévenir dans la suite beaucoup de contestations et de dommages.

Etc., etc., etc., qu'enfin les frais de la vérification revenant, pour le seul déboursé, à 2,800 liv., et à 600 liv. pour le sieur Vidal, qui a levé les plans de tous les ouvrages du canal, cette somme a été payée d'après les ordres de M. l'archevêque de Narbonne, et qu'elle doit être allouée dans la dépense extraordinaire du compte à rendre aux présents États.

Sur quoi il a été délibéré, 1° d'autoriser les conventions passées entre les députés des diocèses de Lavaur et de Saint-Papoul et les propriétaires du canal, et qu'il sera poursuivi, à la diligence du syndic-général, un arrêt du conseil pour autoriser ces conventions.

2°. Que le sieur de Clapiéz est chargé de vérifier, de concert avec M. de La Blottière, en présence du sieur Joubert, syndic-général, et du sieur de Guilleminet, greffier des États, l'état du pont de Béziers et du lit de la grande rivière, ainsi que les nouveaux ouvrages qui ont été faits par les propriétaires du canal pour entretenir la navigation, afin d'être ensuite, sur leur rapport, délibéré ce qu'il appartiendra.

3°. Que le règlement proposé par MM. les commissaires, et qui a été agréé par les propriétaires du canal sur l'entretien des épanchoirs, aquéducs, rigoles et contre-canaux, ainsi que sur plusieurs autres articles, sera exécuté selon sa forme et teneur, auquel effet il sera poursuivi, à la diligence des syndics-généraux, un arrêt du conseil pour en ordonner l'autorisation; que ledit règlement sera envoyé aux syndics des diocèses dans l'étendue desquels passe le canal royal, avec une copie du rapport du sieur de Clapiés, à l'effet d'être pourvu, en conformité dudit règlement, aux recreusements des rigoles et contre-canaux dont il est fait mention, et que les syndics des diocèses seront obligés de certifier les syndics-généraux de leurs diligences.

4°. Qu'attendu les ordres donnés par les propriétaires du canal, de ne pas cultiver les francs-bords du canal et de la rigole, il ne sera rien inséré à ce sujet dans le règlement ci-dessus.

5°. Qu'il sera vérifié si le lit du canal est en effet relevé ou comblé dans les parties voisines des fonds sujets aux transpirations, et qu'audit cas il sera recreusé jusqu'au ferme, c'est-à-dire jusqu'à la première base, suivant les toisés qui en seront donnés par M. de

La Blottière; que cette vérification sera faite par lui en présence des
parties intéressées, du syndic du diocèse et du syndic-général du
département, dans le temps que lesdites parties du canal seront mises
à sec; que le sieur de Clapiéz vérifiera de nouveau le terroir de
Capestang, à l'effet de chercher les moyens de le garantir des dommages causés par les filtrations ou transpirations.

6°. Que si les députés du diocèse d'Agde ne peuvent s'accorder avec
les propriétaires du canal, au sujet des articles concernant les communautés de Vias et d'Agde, le rapport du sieur de Clapiéz doit
être exécuté en ce point, comme dans tous les autres sur lesquels il
n'est pas pourvu expressément par la présente délibération.

7°. Que M. de La Blottière sera prié de vérifier avec le sieur de
Clapiéz les faits exposés par les communautés de *Cesseras*, *Olonzac*, *Siran*, etc., etc., sur le dommage qu'elles reçoivent du rehaussement du lit de l'*Ognon* (rivière), afin d'être ensuite délibéré ce
qu'il appartiendra sur la manière de pourvoir aux dommages.

8°. Etc., etc. (*Inutile à rapporter ici.*)

9°. Enfin que les sommes ci-dessus de 2,800 liv. et 600 liv. seront
allouées dans les comptes rendus aux présents États.

Après cette délibération on a inscrit la copie des conventions et
du règlement ci-dessus. Nous copierons ici seulement ce qui suit.

1°. *Conventions entre les diocèses de Lavaur et de Saint-Papoul*
et les propriétaires du canal de communication des mers.

Les propriétaires du canal consentent à faire construire un réversoir à fleur d'eau, ainsi qu'il sera réglé par l'ingénieur du Roi, à la
place de l'épanchoir à fond qui se trouve près du pont de Conquet,
lequel épanchoir sera fermé.

Les propriétaires feront recreuser la rigole dans tous les endroits
où elle pourra en avoir besoin suivant l'état qui en sera dressé par
l'ingénieur du Roi chargé des ouvrages du canal, en présence des
commissaires des diocèses et des propriétaires du canal; et s'il est
jugé nécessaire d'y faire quelques nouveaux épanchoirs, les propriétaires les feront faire aux endroits qui seront marqués par l'ingénieur du Roi.

A l'égard des cales, comme elles ne doivent préjudicier ni aux héritages voisins, ni au canal, les parties s'en rapporteront à ce qui sera réglé par *les ingénieurs du Roi* préposés pour cela.

Fait et arrêté triple, à Montpellier, le 28 janvier 1739.

2°. Règlement intitulé: *Articles convenus entre les députés des États de la province du Languedoc et les propriétaires du canal royal.*

Il fixe tout ce qui est relatif aux épanchoirs après avoir entendu les riverains et le syndic.

ÉPANCHOIRS. Il ne sera permis aux propriétaires du canal de construire un nouvel épanchoir, ni d'augmenter l'ouverture de ceux existants, qu'en vertu d'un ordre par écrit de l'ingénieur du Roi chargé de la direction du canal, après avoir entendu les possesseurs des fonds voisins et le syndic du diocèse, et après avoir creusé une rigole capable de contenir les eaux qui seront vidées par cet épanchoir.

AQUÉDUCS. Je ne copie rien.

RIGOLES ET CONTRE-CANAUX. A entretenir, suivant les cas, par les propriétaires seuls du canal, ou à moitié frais par eux et les communautés, ou par les riverains seuls; il sera défendu d'y planter aucun arbre.

Idem pour les cales.

L'élévation des cales au-dessus de la hauteur des eaux ordinaires du canal sera déterminée par l'ingénieur du Roi, en présence du syndic du diocèse, et après avoir entendu les possesseurs des fonds voisins, etc., etc.

Idem pour abreuvoirs.

ABREUVOIRS. Ils seront déterminés de concert par l'ingénieur du Roi et le syndic du diocèse, etc.

FRANCS-BORDS. Ils seront arpentés et limités par des bornes, le tout aux frais, par moitié, de la province et des propriétaires du canal.

PONTS. Par qui entretenus? Province, ou diocèses, ou communautés.

L'ingénieur du Roi fixe le lieu et fait le toisé des recreusements.

Il peut, dans le cas de transpirations, ne pas faire recreuser jusqu'au ferme.

TRANSPIRATIONS. Il a été convenu que les recreusements qui sont faits toutes les années dans les différentes parties du canal où ils sont jugés nécessaires par l'ingénieur du Roi qui en a la direction, seront faits jusqu'au ferme, excepté dans les terroirs de pur gravier, où ledit ingénieur estimera qu'il doit être laissé quelques terres sur les talus ou sur le fond du canal.

Fait double, à Montpellier, le 28 janvier 1759. Signés, d'une part, quatre membres des États; de l'autre part, Riquet de Caraman, Riquet de Bonrepos.

(1740, 19 *janvier, de p.* 62 *à* 74.) M⁸ʳ l'évêque d'Alais a dit qu'il a été obtenu deux arrêts du conseil, le 24 avril et le 11 mai dernier, pour autoriser les conventions et la délibération ci-dessus, mais qu'avant d'en donner connaissance aux diocèses, le sieur Joubert, syndic-général, a cru devoir dresser un mémoire instructif sur la manière d'exécuter les conventions passées entre les États et les propriétaires du canal, etc., etc., etc.

Pour les ouvrages à frais communs entre le canal et les riverains, les opérations préliminaires sont faites par les agents des diocèses et du canal, en présence du syndic.

Sur quoi il a été délibéré; 1° que les conventions autorisées par arrêt du conseil du 24 avril 1759 seront exécutées, et qu'à cet effet on se conformera au mémoire instructif ci-dessus.

2°. Que les vérifications, toisés et autres opérations indiquées dans ledit mémoire seront faites d'un commun accord par les préposés; d'une part, de MM. les commissaires des diocèses, et de l'autre part, des propriétaires du canal, de quoi il sera dressé un double procès-verbal, et que l'un des syndics-généraux y sera présent.

3°. Qu'après que lesdites vérifications, toisés, etc., seront achevés, il sera fait des marchés à un seul et même entrepreneur pour les ouvrages dont la dépense doit être supportée à frais communs.

4°. Que pour fournir à tous frais, les États consentent qu'il soit imposé par les diocèses à l'assiette prochaine sur les communautés riveraines du canal, telle somme qu'il sera jugé convenable par estimation, sauf à régler, l'année suivante, le contingent de chacune desdites communautés.

Les syndics tiennent la main aux marchés.

5°. Que les vérifications, etc., baux et marchés seront faits et arrêtés avant le 1ᵉʳ juillet de la présente année; à quoi les syndics-généraux seront obligés de tenir la main, leur donnant pouvoir de faire à cette occasion tous les actes et démarches nécessaires.

6°. Que les diocèses et les propriétaires du canal demeureront responsables, chacun en droit soi, des dommages qui pourront être causés par le défaut d'exécution desdites conventions.

Les propriétaires du canal indiquent aux syndics les lieux de recreusements faits.

7°. Qu'il sera vérifié chaque année par l'ingénieur commis par le Roi, en présence du syndic du diocèse ou de telle autre personne, ayant pouvoir de MM. les commissaires ordinaires, si lesdits recreusements auront été faits jusqu'à l'ancienne base du canal, auquel effet MM. les propriétaires seront tenus de dénoncer et indiquer au syndic de chacun des diocèses, les parties du canal qui auront été re-creusées, et le syndic-général du département pourra être présent à ladite vérification, sur l'avis qui lui en sera donné par le syndic desdits diocèses.

8°. Que les conventions passées entre les diocèses de Lavaur et de Saint-Papoul et les propriétaires du canal, autorisées par l'arrêt du conseil du 11 mai 1759, seront exécutées avant le mois de novembre prochain, à la diligence des syndics desdits diocèses, qui seront tenus d'en certifier le syndic-général du département, auquel il est donné tout pouvoir pour l'exécution desdites conventions.

9°. Qu'il sera procédé dans le cours de l'année à l'arpentement général des francs-bords et terriers du canal, et au plantement des bornes, conformément auxdites conventions.

Enfin, que copies de la présente délibération et du mémoire instructif seront remises à M. de Caraman et à M. de Bonrepos, propriétaires du canal, et que le syndic-général poursuivra un arrêt du conseil pour autoriser ladite délibération.

On lit à la suite le mémoire instructif ci-dessus; nous copierons ici seulement ce qui suit. — Division du mémoire, épanchoirs, rigoles des épanchoirs, rigoles débouchant dans un ruisseau, rigoles aboutissant à une rigole de sortie, épanchoirs dans la retenue de Portiragnes, près d'Agde; nouveaux épanchoirs et changements à faire à ceux qui existent aujourd'hui; aquéducs, rigoles d'entrée ou contre-canaux; rigoles de sortie, anciens lits de ruisseaux ou ravins, devis et adjudication du creusement et entretien des rigoles et contre-canaux, arbres plantés dans les rigoles d'entrée et de sortie, cales, ouvertures dans les terriers ou coupures, abreuvoirs; il faut aussi déterminer leur largeur et celle des caladats qui doivent y être construits; passages sur les francs-bords ou terriers, construction et entretien des ponts sur le canal, creusement à faire jusqu'au ferme dans toute l'étendue du canal. Pour l'instruction de ce dernier article, il est dit que les syndics des diocèses doivent informer les directeurs de chaque département, et l'ingénieur chargé par le Roi de la direction du canal, des transpirations causées par les eaux dans les terres voisines, afin qu'il y soit remédié sur-le-champ lorsqu'elles sont sensibles; et à l'égard des autres, il y sera pourvu, autant qu'il sera possible, au moyen du creusement qui doit être fait jusqu'au ferme. Comme toutes les années MM. les propriétaires en font recreuser plusieurs par-

ties, ils donneront avis aux syndics des diocèses de celles qui doivent être recreusées; le recreusement jusqu'à l'ancienne base sera vérifié en présence du syndic ou de telle autre personne, ayant pouvoir de MM. les commissaires ordinaires; on prendra des repères certains de ladite base sur les rochers dans lesquels le canal a été excavé
et sur le tuf qui a formé en bien des endroits la base du canal.

Vérification des lieux prescrite à chaque syndic avec l'ingénieur de la compagnie, et état à dresser.

Le mémoire se termine par des observations générales servant de
conclusions : il commence par des observations préliminaires; celles-
ci disent que le syndic du diocèse et un des commissaires ordinaires
doivent parcourir la partie du canal qui est dans leur étendue, conjointement avec le directeur du département ou autre personne qui
sera proposée par les propriétaires du canal, afin de dresser un
état exact et détaillé de chaque nature d'ouvrage, et cet état doit
contenir ce qui sera mis ci-après sur chacun des articles suivants. Dans
les observations finales, il est dit : l'état dont il a été parlé au commencement de l'instruction, doit contenir en détail tout ce qui vient
d'être dit; il doit être dressé en double original, pour être remis, l'un
à MM. les propriétaires du canal, et l'autre aux archives de chaque
diocèse. — Lorsque dans la suite il sera fait quelque nouvel ouvrage
ou quelque changement, il doit en être fait mention dans ledit état,
afin qu'il contienne toujours au vrai le détail de chaque nature d'ouvrage dont il a été parlé dans les conventions, etc., etc.

Les États sont chargés par le Roi de se faire ren-dre compte, chaque an-née, de l'état du canal.

(1741, 18 janvier, de page 74 à page 75.) Mgr l'archevêque de Narbonne a dit que le sieur de Clapiéz, qui était chargé de la direction
des travaux publics de la province, étant mort, il propose de diviser
cet emploi aux sieurs Carney, Garipuy et Pitot; « qu'on serait ainsi
» assuré, sans augmenter les dépenses, d'un service plus exact et plus
» utile; et qu'on pourvoirait en même temps aux appointements d'un
» inspecteur particulier des ouvrages du canal de communication des
» mers, auxquels l'intention de Sa Majesté est que les États donnent
» à l'avenir une attention singulière, en s'en faisant rendre compte
» chaque année par une personne entendue préposée à cet effet, sui-
» vant la lettre qu'a écrite à ce sujet M. le contrôleur-général à M. l'ar-
» chevêque de Narbonne. »

L'ingénieur de la pro-vince, Pitot, chargé de la sénéchaussée de Beaucai-re et de Nîmes, sera aussi chargé de l'inspection des ouvrages du canal royal.

Sur quoi, lecture faite de la lettre de M. le contrôleur-général à
M. l'archevêque de Narbonne, l'assemblée a délibéré qu'elle sera
transcrite dans les registres des États; qu'elle approuvait la proposition de M. l'archevêque, et chargeait le sieur Pitot de la direction

des ouvrages publics dans la sénéchaussée de Beaucaire et de Nîmes, aux appointements de 1,500 liv., et de l'inspection de ceux du canal royal, aux appointements de 2,500 liv., en tout 4,000 liv., au moyen de laquelle somme il sera tenu de faire tous les voyages et autres dépenses qu'exigeront les fonctions de son emploi.

(1741, 30 *janvier, de page* 106 *à page....*) M. l'évêque d'Alais a dit qu'il a été obtenu un arrêt du conseil le 5 juillet dernier, pour autoriser la délibération du 19 janvier 1748, et le mémoire instructif sur la manière d'exécuter les conventions; qu'en exécution de cette délibération, le sieur de La Fage, syndic-général, écrivit aux syndics, pour qu'ils procèdent, par les commissaires ordinaires des diocèses, à la nomination d'un ingénieur ou autre personne en état de faire la vérification, toisés, etc., etc.; que, d'un autre côté, il informa MM. les propriétaires du canal du jour auquel cette vérification devait commencer, pour qu'ils y fussent présents ou quelqu'un de leur part, etc., etc.; qu'il écrivit en même temps aux syndics des diocèses de Lavaur et de Saint-Papoul, par rapport à l'exécution des conventions passées entre ces deux diocèses et les propriétaires du canal.

Que les diocèses de Toulouse, Lavaur, Saint-Papoul, Narbonne et Béziers nommèrent pour cette vérification le sieur Garipuy; le diocèse de Carcassonne, le sieur Mathieu; celui d'Agde, le sieur Coustou; et les propriétaires du canal nommèrent le sieur Marle, leur directeur audit département de Toulouse, pour y assister de leur part; de laquelle vérification il a été dressé des procès-verbaux par lesdits sieurs Garipuy, Mathieu et Coustou, contenant le toisé des rigoles, contre-canaux, etc., et le devis des ouvrages.

Que ledit sieur de La Fage fut obligé, par suite de contestations entre les députés des diocèses et les propriétaires du canal, de dresser procès-verbal desdites contestations, pour qu'il fût exécuté de la part des parties, lequel procès-verbal contient aussi les décisions que

M. de *Palmas*, ingénieur en chef du canal, a données sur la hauteur des cales, sur les abreuvoirs et sur les autres ouvrages qu'il devait déterminer; qu'on n'a pu travailler d'aucune part, faute de temps; que les propriétaires du canal n'avaient pas encore fait les recreusements qu'ils doivent exécuter à la rigole de la plaine et de la montagne, ni les épanchoirs.

L'assemblée délibère, 1° que tous les ouvrages déterminés dans les procès-verbaux des sieurs de La Fage, Garipuy, etc., seront exécutés cette année.

2°. Qu'il en sera de même pour l'exécution des conventions passées entre les diocèses de Lavaur et Saint-Papoul et les propriétaires du canal.

3°. Qu'il sera passé des baux et marchés par les commissaires des diocèses et les propriétaires du canal avant le 1ᵉʳ juin de la présente année.

Les marchés pour travaux à moitié frais sont passés par les commissaires des diocèses et par les propriétaires.

4°. Que les travaux à la charge des diocèses seront exécutés, soit au moyen de fonds faits ou à faire, soit au moyen d'un emprunt pour partie remboursable en tel nombre d'années qu'il sera déterminé.

5°. Enfin, que plusieurs communautés n'étant pas en état de supporter la dépense desdits recreusements, entretien des rigoles, contre-canaux, ruisseaux et autres ouvrages du canal qui les concernent, MM. les députés à la cour sont chargés de solliciter de Sa Majesté un secours proportionné aux dépenses qu'elles sont obligées de faire à ce sujet.

Mgr l'évêque d'Alais a dit ensuite, et l'assemblée a délibéré, de prier Sa Majesté de vouloir bien accorder à la communauté de Villeneuve un secours proportionné à la dépense qu'exige l'élargissement de l'aqueduc du ruisseau d'Ariéges ou de Saint-Victor d'après le procès-verbal de vérification dressé par le sieur La Fage, syndic-général, et le sieur Garipuy, nommé pour la vérification des ouvrages du canal dans le diocèse de Béziers.

Mgr l'évêque a dit ensuite, et l'assemblée a délibéré, que d'après les délibérations du 19 décembre 1680, 11 janvier 1700 et 28 janvier 1739, la ville de Toulouse sera chargée de l'entretien des ponts situés sur le canal dans le gardiage ou banlieue de ladite ville.

M. de La Blottière, un des ingénieurs du Roi, présente le projet d'un pont-aquéduc sur l'Orb.

Mgr l'évêque d'Alais a dit ensuite que Mgr l'archevêque de Narbonne a communiqué à M. le maréchal d'Asfeld et à M. le contrôleur-général, en conséquence de la délibération des États du 19 janvier 1740, le projet dressé par le sieur de La Blottière pour faire passer le canal sur la rivière d'Orb auprès de Béziers, au moyen d'un pont-aquéduc, avec les mémoires, plans et devis desdits ouvrages; qu'il a

Le projet a été renvoyé au directeur des fortifications dans la province.

été renvoyé par M. le maréchal au sieur Marechal, directeur des fortifications dans la province, pour l'examiner de nouveau et lui en donner son avis; que M. le contrôleur-général a pareillement chargé

M. l'intendant de communiquer ledit projet à MM. les propriétaires du canal, et aux commerçants et négociants de la province, surtout par rapport à l'augmentation des droits qui est proposée pour servir de fonds à ladite dépense; que le sieur Carney a présenté un projet de 130,000 liv. dans le cas où on ne ferait pas le pont-aquéduc.

Sur quoi l'assemblée délibère de suspendre toute détermination jusqu'à ce que les États aient été instruits de l'avis de M. le maréchal d'Asfeld et de M. le contrôleur-général sur le projet qui leur a été communiqué, et de prier MM. les députés à la cour de suivre auprès d'eux cette affaire.

Mgr l'évêque d'Alais a dit ensuite, page 114, que le sieur de Carney, d'après la délibération du 19 janvier, a vérifié le terroir de Capestang, pour le garantir de l'effet des inondations auxquelles il est exposé; l'assemblée délibère de prier Mgr l'archevêque de Narbonne de vouloir bien donner son attention à cette affaire, de laquelle il sera rendu compte aux États lorsqu'il en aura pris connaissance.

On voit, à la page 130, qu'il a été accordé, en gratifications, au sieur Carney, 3000 liv.; au sieur Garipuy, 1500 liv.; au sieur Pitot, 1500 liv.; à M. Marechal, directeur des fortifications, 1500 liv.; au sieur Marechal fils, ingénieur du Roi, la somme de 500 liv.

<table>
<tr><td>Première vérification du canal par Pitot; il constate les ouvrages à faire au canal et aux rigoles; cet état est communiqué aux propriétaires du canal.</td><td>

(1742, 23 *janvier*, *de page* 81 *à page* 87.) Mgr l'évêque de Viviers a dit que le sieur Pitot avait fait, dans le cours de l'année dernière, l'inspection du canal de communication des mers; qu'il résulte de son rapport qu'il n'a pu déterminer dans cette première vérification si quelques éperons des écluses avaient été relevés, et qu'il n'a pu que fixer d'une manière invariable leur hauteur actuelle, comme aussi de s'assurer de la profondeur du canal dans des endroits où il a trouvé des repères certains pour juger de la première base, tels que le rocher ou le tuf; qu'au surplus il a examiné et constaté les *réparations* à faire, soit en recreusements, soit en maçonnerie pour les écluses, ce qui le mettra en état de rapporter dans la première vérification si les réparations qui ont été commencées depuis auront été achevées. — 2° Que les propriétaires ont promis de faire, avant la nouvelle vérification du sieur Pitot, les ouvrages de recreusement et d'élargissement, ainsi que pour éviter les pertes d'eau, dont la rigole de la montagne a besoin. — 3° Que la rigole de la plaine a besoin aussi de quelques réparations; que MM. les propriétaires du canal ont promis aussi de

</td></tr>
</table>

lui procurer cette année les facilités nécessaires en bateau, etc., etc., pour faire la sonde du réservoir de Saint-Ferréol.

Mgr l'évêque considère cette vérification comme préparatoire; mais on ne peut douter cependant qu'elle ne soit très-utile pour faire connaître l'état actuel de l'intérieur du canal, pour déterminer l'objet des réparations d'entretien, et être assuré qu'elles seront faites.

L'assemblée a délibéré que l'état des ouvrages et réparations à faire au canal dont il est parlé dans le procès-verbal de M. Pitot, sera communiqué aux sieurs propriétaires du canal, et que ledit sieur Pitot vérifiera si lesdits ouvrages et réparations ont été faites.

Mgr l'évêque dit ensuite, et l'assemblée délibère sur une plainte de propriétaires de moulin sur le ruisseau de Lampy, que le sieur Pitot examinera les lieux, et que sur le rapport qui en sera fait par lui aux États on jugera le droit des parties.

Fonds accordés par le Roi, pour les rigoles et contre-canaux, à la province.

Mgr l'évêque dit ensuite au sujet du creusement et entretien des rigoles et contre-canaux, que Sa Majesté a accordé une somme de 60,000 liv. pour servir auxdits ouvrages, en faisant même espérer un nouveau secours la présente année.

Les États décident ce qui sera fait dans l'année au sujet de ces travaux à moitié frais.

L'assemblée délibère que tous les ouvrages commencés déjà à ce sujet seront finis cette année avant les États prochains; que les syndics-généraux en feront eux-mêmes la vérification; que les 60,000 liv. accordées seront réparties entre les diocèses; que MM. les députés à la cour seront chargés de solliciter de nouveaux secours de Sa Majesté.

Mgr l'évêque dit ensuite que les diverses parties auxquelles on a communiqué le projet de feu M. de La Blottière, pour un projet de pont-aquéduc sur la rivière d'Orb, ont des avis très-différents.

L'assemblée délibère que M. le Maréchal d'Asfeld sera prié de communiquer l'avis du sieur Marechal, sur ce projet, pour être rendu compte de tout aux prochains États, etc.

(1743, 22 *janvier, de page* 157 *à page* 165.) Mgr l'évêque de Viviers a dit que le sieur Pitot a fait, dans le cours de l'année dernière, la vérification de l'état du canal des mers; qu'elle donne des connaissances fort exactes du réservoir de Saint-Ferréol, dont il a été fait une sonde de dix en dix toises dans une partie, et de vingt en vingt toises dans le reste; que d'après les calculs du sieur Pitot, ce réservoir contient de quoi fournir à la navigation pendant 73 jours, à raison de treize mille toises cubes d'eau par jour, qui sont nécessaires pour la navigation suivant l'expérience qu'en a faite le sieur Pitot; de sorte que, nonobstant les comblements qui ont été inévitables, ce réservoir offre un volume d'eau égal à celui dont parle le procès-verbal de M. d'Aguesseau, attendu l'ex-haussement de douze pieds qu'on a donné au mur de face.

La vérification de Pitot énonce les recreusements faits au canal et ceux à faire l'année prochaine, les plus nécessaires.

Que le sieur Pitot entre dans un grand détail sur les recreusements qui ont été faits dans les rigoles de la montagne, de la plaine et du canal, et qu'il avait indiqués dans son procès-verbal de l'année précédente.

Il a été délibéré que le procès-verbal du sieur Pitot serait communiqué aux propriétaires du canal, et qu'il en serait donné copie ainsi que du plan et profil du réservoir de Saint-Ferréol; qu'il sera fait une nouvelle vérification du canal dans la présente année, pour être assuré de l'état du canal, et surtout des recreusements indiqués comme les plus nécessaires dans le procès-verbal du sieur Pitot.

L'évêque de Viviers a dit, et l'assemblée a délibéré, que la vérification ordonnée par la délibération du 23 janvier 1742, relativement au réservoir de Lampy, sera faite au plus tard dans le mois de mai, auquel effet ce réservoir sera mis à sec dans le même temps.

Autres fonds accordés par le Roi pour les rigoles, etc.

L'évêque de Viviers a dit que les sieurs Joubert et de La Fage, qui avaient été chargés, par la délibération du 23 janvier 1742, des travaux de recreusements des aquéducs, rigoles et contre-canaux, avaient procédé à cette vérification en présence des syndics des diocèses, des ingénieurs et autres personnes préposées à la conduite desdits travaux, et des directeurs du canal; que Sa Majesté ayant accordé à ce sujet une nouvelle somme de 40,000 liv., elle doit être répartie dans la même proportion que celle de 60,000 liv.

Il a été délibéré que cette répartition sera faite, que les ouvrages commencés seront achevés dans la présente année; que MM. les députés à la cour renouvelleront leurs instances auprès de Sa Majesté pour obtenir de nouveaux secours; que le déboursé de la vérification faite par les syndics-généraux pour la somme de 938 liv. sera alloué dans le compte du trésorier de la bourse.

(1744, 28 *janvier, de page* 74 *à page* 79.) Mgr l'évêque de Viviers a dit que le sieur Pitot a vérifié, dans le mois de mai dernier, le réservoir de Lampy, d'après la délibération des États du 23 janvier 1742 et 22 janvier 1745, en présence des parties intéressées, du sieur Serres, directeur du canal, pour les propriétaires, etc., etc., etc., etc.

L'assemblée a délibéré de ne prendre, quant à présent, aucune détermination.

(1744, 23 *décembre, de page* 113 *à page* 118.) Mgr l'évêque de Viviers a dit que MM. les commissaires des travaux publics s'étant assemblés chez lui, ils avaient d'abord entendu le rapport qu'a fait le sieur de Montferrier du procès-verbal de vérification particulière qui a été faite au mois de juillet dernier, par MM. les commissaires, au sujet des plaintes réitérées des commissaires de Cers, Portiragnes et Villeneuve. — Qu'à cette vérification se sont trouvés l'évêque de Saint-Pons, les députés du diocèse de Béziers, les consuls et principaux habitants des communautés de Villeneuve, Cers et Portiragnes; que les plaintes portent sur le défaut de recreusement du canal jusqu'à sa première base, et le rehaussement des portes des écluses; que le sieur de Lavergne, directeur du canal, s'était aussi rendu sur les lieux, et avait répondu qu'il n'avait aucun pouvoir pour répliquer aux plaintes énoncées dans les mémoires remis; qu'on examina la cale Caylus, etc., le bassin de l'écluse de Portiragnes et puis les passelis de la retenue qui étaient masqués par un bâtardeau de terre d'environ un pied et demi de hauteur, ce qui occasionait les plaintes des riverains par rapport au regonfle que les eaux ainsi retenues causaient dans leurs prairies; à quoi le sieur Lavergne avait répondu qu'il permettait d'ôter le bâtardeau jusqu'au niveau ordinaire des eaux, cet ouvrage n'ayant été fait que pour faciliter le passage de l'artillerie espagnole, à cause d'un comblement produit par les inondations du Librou; du reste, MM. les commissaires virent que quoique les eaux de la retenue fussent basses de trois pouces, elles passaient sous une des ouvertures dudit passelis, etc., etc.

En résultat de cette vérification, les États ne délibèrent rien, puisqu'on est tombé d'accord avec le sieur Lavergne sur la nécessité de diminuer à la cale de Caylus l'épaisseur du mur, de ne pas masquer le passelis, qu'il n'est pas prouvé que les écluses aient été rehaussées, et que les recreusements du canal, qui est le principal motif des plaintes des riverains, ont été faits pendant le cours de l'année, suivant le rapport du sieur Pitot.

Mgr l'évêque de Viviers a dit ensuite que d'après le procès-verbal de la visite générale du canal, par le sieur Pitot, MM. les propriétaires s'efforcent à remplir leurs obligations pour remettre le canal dans le bon état où il doit être; qu'on a recreusé douze mille toises longueur, outre deux mille quatre cents toises cubes de limon, enlevées avec sapines et grapins; qu'il a été posé seize paires de portes d'écluse; qu'on a construit quatorze cales, refait deux éperons en pierre, un en bois et beaucoup de maçonnerie.

Mgr l'évêque de Viviers a dit que le sieur de Montferrier a rapporté à la commission les mémoires remis par les diocèses sur l'état actuel des ouvrages pour recreusement d'aquéducs, rigoles et contrecanaux; l'assemblée délibère que tous ces ouvrages seront finis dans le courant de l'année prochaine, et que les 40,000 liv. accordées par le Roi seront réparties conformément aux intentions du Roi lorsque ces ouvrages seront finis.

M. Pitot est chargé de dire à l'avenir les recreusements faits et ceux restant à faire pour le canal.

(1746, 16 *décembre, de page* 55 *à page* 60.) L'évêque de Viviers a dit, en résultat de la vérification du canal des mers par le sieur Pitot, et l'assemblée a délibéré, 1° de charger le sieur Pitot de reporter à l'avenir, dans ses procès-verbaux, non-seulement la quantité de recreusements qui auront été faits chaque année, mais encore celle des dépôts qui resteront à enlever pour que le canal soit à la profondeur de sa première base; de faire mention aussi des ouvrages re-

Idem tous ouvrages pour rigoles à demi-frais, etc.

latifs aux conventions qui auront été faites et qui resteront encore à faire, soit de la part de MM. les propriétaires ou des diocèses riverains, et de rapporter si lesdits ouvrages seront bien entrenus : auquel effet il lui sera remis copie des conventions, vérifications et autres pièces qui constatent les obligations respectives de chacun,

Il préviendra du jour de sa vérification les syndics, et il recevra d'eux les baux des ouvrages, et les certificats, à ce sujet, des ingénieurs de diocèse,

et il avertira les syndics des diocèses où passe le canal, du temps de sa visite, afin qu'ils puissent lui faire part de leurs observations et lui remettre les baux de l'entretien des ouvrages, et les certificats des inspecteurs de chaque diocèse sur le travail fait par les entrepreneurs.

Autres fonds accordés par le Roi pour les rigoles.

2°. D'approuver la répartition définitive de la somme supplémentaire de 60,000 liv. accordée par Sa Majesté, partie 40,000 liv., en 1744, et l'autre partie 20,000 liv., en 1745, laquelle sera payée aux diocèses chacun pour ce qui les concerne, au moyen de quoi les diocèses seront tenus d'achever incessamment tous les ouvrages, et de pourvoir à leur entretien, en imposant sur les communautés ou sur les diocèses les sommes à ce nécessaires.

3°. De remettre à un autre temps l'examen des mémoires remis par

MM. les propriétaires du canal, et les commissaires des diocèses, au sujet de l'expertise des francs-bords.

La répartition des sommes concédées par le Roi fut faite d'après une proportion, ayant pour premier terme la totalité des dépenses faites par les diocèses, montant à 344,178 liv.; pour second terme, la totalité des sommes allouées par le Roi, montant à 185,000 liv.; et pour troisième terme, la dépense faite par chaque diocèse.

M. Pitot dit les ouvrages faits et à faire soit au canal, soit aux rigoles.

(1747, 23 *décembre, de page* 151 *à page* 155.) Mgr l'évêque de Viviers a dit que le sieur Pitot avait déterminé dans sa dernière vérification du canal des mers, les quantités faites de recreusements, de paires de portes, et qu'on a fait d'autres ouvrages en maçonnerie, charpente, plate-forme, et gazonnades, dont la dépense ne peut être que très-considérable.

Qu'il a aussi rapporté la quantité des recreusements à faire dans chaque partie, de même que les autres réparations, et terminé son procès-verbal par des observations sur les ouvrages faits par les diocèses riverains.

Il détermine de nouvelles cales sur le canal, et des réparations à d'anciennes.

Qu'enfin le sieur Pitot avait déterminé les trois cales qui doivent être faites dans le terroir de la communauté de Cers, de même que les réparations de l'ancienne cale de Cers et de la cale de Caylus.

Il est chargé de plus fort d'assurer l'exécution des engagements pris par le canal.

Il a été délibéré d'exhorter les diocèses à perfectionner et à bien entretenir leurs travaux, et de charger le sieur Pitot, de plus fort, de continuer à veiller avec la même exactitude à ce que MM. les propriétaires remplissent leurs engagements, en faisant travailler principalement aux recreusements pour que le canal soit mis le plus tôt possible dans l'état de perfection où il doit être pour le bien du commerce et des communautés riveraines.

(1748, 1749, 1750, 1751.) Manquent.

M. Pitot énonce les recreusements faits soit jusqu'au ferme, soit à superficie, etc.

(1752, 18 *novembre, de page* 108 *à page* 112.) Mgr l'évêque de Montpellier a rendu compte de la vérification du canal des mers par le sieur Pitot, qui fait mention des longueurs de recreusement faites l'année dernière jusqu'au ferme, et de celles à recreusement superficiel seulement, etc.

La sécheresse régnante qui n'a pas permis de remplir à temps le canal.

Le sieur Pitot remarque à l'article de la grande retenue de Fonserannes, que les eaux ayant été données au canal le 27 septembre, elles étaient à peine parvenues 24 jours après à Fonserannes, où le canal était bas, lors de sa vérification, de trois pieds; quoique tous les

6

empellements et robinets du réservoir de St.-Ferréol fussent ouverts; que quatre-vingts barques marchandes chargées pour la foire de Bordeaux, presque toutes, n'avaient pu passer; le retardement de la venue des eaux venant de la grande longueur de la retenue et du plan incliné que forment lesdites eaux, dont la pente, sur environ huit lieues de longueur, est de trois à quatre pieds.

Quant aux travaux de rigoles et contre-canaux, on n'a rien fait dans les diocèses de Toulouse, Carcassonne; au contraire, bon entretien dans ceux de Saint-Papoul, Narbonne, Béziers et Agde, où passe le canal.

On dit ensuite que des négociants de Montpellier se plaignent du retard des quatre-vingts barques, mais que le sieur Pitot a assuré que la navigation était rétablie autant qu'elle pouvait l'être dans un temps de sécheresse qui dure depuis plusieurs mois.

Il a été délibéré de charger le sieur Pitot de continuer à veiller avec exactitude à tout ce qui a rapport au bon entretien du canal et à l'exécution des conventions, d'appeler à sa vérification les syndics des diocèses; — il a été délibéré aussi de charger les syndics-généraux, de communiquer à MM. les propriétaires du canal les plaintes des négociants de Montpellier, sauf, après leur réponse, être pris dans les suites telle résolution qu'il appartiendra; enfin d'exhorter les diocèses qui n'ont point achevé les ouvrages des contre-canaux et rigoles à y faire mettre la dernière main, et à pourvoir ensuite à leur entretien comme l'ont déjà fait les autres diocèses.

(1754, 16 *février*, *de page* 127 *à page* 131.) Mgr l'évêque de Montpellier rend compte de la dernière vérification faite par le sieur Pitot, etc., etc.; dans le diocèse de Toulouse on a donné l'entreprise des ouvrages à faire pour achever le recreusement des rigoles et contre-canaux et du lit de la rivière de Lers; que dans le diocèse de Saint-Papoul, les rigoles et contre-canaux n'ont été que médiocrement entretenus.

Que l'emplacement des abreuvoirs a été déterminé par le sieur Poly, ingénieur du Roi, conformément aux conventions passées entre les États et MM. les propriétaires du canal; que dans le diocèse de Carcassonne, on n'a encore rien fait pour achever le recreusement des rigoles, etc., et pour assurer leur entretien; mais que le syndic du diocèse a déjà écrit aux communautés riveraines, pour qu'elles déterminassent l'emplacement des abreuvoirs; que dans les diocèses de Narbonne, Béziers et Agde, on s'occupe de l'entretien des rigoles, etc., et qu'on a marqué l'emplacement des abreuvoirs dans les deux premiers.

La réparation des bords du bassin de Castelnaudary est délibérée, etc.

L'assemblée délibère de charger le sieur Pitot de continuer à veiller à tout, etc., etc., et notamment à ce que MM. les propriétaires du canal fassent réparer les bords du bassin de Castelnaudary.

M. Pitot énonce *idem*, soit pour le canal, soit pour les diocèses.

(1754, 11 *décembre*, *de page* 37 *à page* 39.) Mgr l'évêque de Montpellier a dit que, d'après la vérification du sieur Pitot, la quantité de travaux pendant le cours de cette année a été six mille neuf cent quatre-vingt-sept toises de recreusement à fond, et mille six cent quarante-trois toises de superficiels; que l'on a remis treize paires de portes neuves, etc., etc., fait arracher les herbes sur près de vingt-trois mille toises de longueur, etc.; que dans le diocèse de Toulouse, on a beaucoup fait travailler aux recreusements des rigoles et contre-canaux, mais que les repères de pierre de taille qui doivent marquer la juste profondeur des rigoles pour leur entretien, ne sont pas encore posés; que l'entretien des rigoles, etc., a été négligé cette année dans le diocèse de Saint-Papoul; et qu'on a construit cette année, sur la partie du canal qui traverse le diocèse, quarante-six abreuvoirs; que dans le diocèse de Carcassonne, on travaille avec activité; enfin, que dans les diocèses de Narbonne, Béziers et Agde, les rigoles et contre-canaux sont bien entretenus.

L'assemblée délibère de charger le sieur Pitot de continuer, etc., etc.

M. Pitot énonce *idem*. Il ajoute que des repères de pierre de taille ont été placés dans le diocèse de Toulouse pour fixer le lit des rigoles, etc.

(1756, 13 *février*, *de page* 35 *à page* 36.) Mgr l'évêque de Montpellier a dit que, d'après la vérification du sieur Pitot, etc., etc., etc., dans le diocèse de Toulouse, on fait poser des repères de pierre de taille dans toutes les rigoles; qu'on a arraché les herbes du canal sur une longueur de quatorze mille toises.

L'assemblée délibère de charger le sieur Pitot de continuer, etc., etc.

(1756, 9 *décembre*, *page* 136.) Il est délibéré qu'il sera payé à l'avenir, à commencer en 1757, aux sieurs Pitot, Garipuy et Saget, directeurs des travaux publics, la somme de 2,500 liv., accordée à chacun d'eux en représentation de tous honoraires, journées et frais quelconques à l'occasion de leurs fonctions; l'augmentation pour chacun, à ce sujet, est donc de 1000 liv.

(1757, 29 *décembre, de page* 50 *à page* 51.) Mgr l'évêque de Montpellier rend compte de la vérification du sieur Pitot pour l'année
dernière et pour la présente.

L'assemblée délibère de charger le sieur Pitot de continuer, etc., etc.

(1757, 10 *février, de page* 86 *à page* 88.) Mgr l'évêque de Montpellier a rendu compte de la vérification du sieur Pitot, faite au mois
d'octobre 1758, quantité, en gros, des ouvrages faits; puits, rigoles
et contre-canaux, comment entretenus par chaque diocèse. — Le sieur
Pitot dit que les grandes eaux de la rivière de Quarante ayant sur-
monté les murs des épaulements de l'aquéduc, etc., sont entrées dans
le canal avec une rapidité capable de renverser les bords, ce qui a

engagé le directeur de ce département à faire un nouveau réversoir
de dix toises trois pieds six pouces de longueur, et à requérir le
sieur Pitot de faire mention, dans son procès-verbal, de la demande

que font MM. les propriétaires au diocèse de Narbonne, pour exécuter ce qui fut convenu en 1759, au sujet des réparations de l'aquéduc de Quarante.

L'assemblée délibère d'exhorter MM. les commissaires du diocèse
à remplir leurs obligations sur l'entière exécution des conventions
passées entre les États et MM. les propriétaires; et de charger le sieur

Pitot de continuer à tenir la main à tout ce qui peut assurer le bon
entretien du canal; d'appeler régulièrement les syndics des diocèses
où il passe lors de sa vérification, et de faire mention de leurs observations dans son procès-verbal, conformément à la délibération
des États.

(1759, 13 *décembre, de page* 122 *à page* 126.) Mgr l'évêque de Montpellier a rendu compte de la vérification du sieur Pitot, et de son
procès-verbal de visite du canal de la jonction des mers pendant
l'année 1759 : — quantité, en gros, d'ouvrages faits sur le canal;
— les rigoles et contre-canaux ont été négligés dans leur entretien
dans le diocèse de Narbonne, par faute du nouvel entrepreneur. —
Le sieur Pitot fait observer que le batillage des eaux du bassin de
Castelnaudary continue à ronger le bord de la ville où se trouve le
grand chemin, ce qui rend nécessaires et pressantes les réparations

projetées depuis plusieurs années pour fortifier ce bord; il fait observer aussi, que dans le diocèse de Carcassonne on a un peu trop
rétréci le lit des rigoles, les ayant réduites à une toise de plafond.—

Mgr l'évêque de Montpellier a ajouté que, malgré les défenses portées dans les conventions, certaines parties du franc-bord ayant été cultivées, le juge du canal a rendu une ordonnance pour arrêter cet abus.

L'assemblée délibère que le diocèse de Narbonne fera les diligences nécessaires pour obliger l'entrepreneur des rigoles et contre-canaux à remplir ses obligations, de même que celui de Carcassonne, pour faire donner au lit des rigoles la largeur qu'il doit avoir; qu'il sera incessamment pourvu, par qui il appartient, à fortifier les bords du bassin de Castelnaudary; de charger le sieur Pitot de continuer à, etc.

(1759 *idem*, 28 *décembre, de page* 551 *à page* 554.) L'assemblée délibère de renvoyer à MM. les commissaires des travaux publics l'examen, pendant le cours de l'année, de la proposition faite par MM. les propriétaires du canal, des ouvrages pour faire passer le ruisseau du Libron à travers le canal, et fixer, relativement à la navigation et niveau de la mer, le seuil de l'entrée et celui de la sortie des eaux du Libron.

(1760, 20 *décembre, sept pages*.) Mgr l'évêque de Montpellier a rendu compte du procès-verbal de la visite du canal de jonction des mers, faite, au temps accoutumé, par le sieur Pitot, chargé de cette inspection, duquel il résulte qu'il n'a trouvé cultivée aucune partie des terriers ou francs-bords du canal; — que les quantités d'ouvrages sont, en gros, etc., etc., etc.

Que dans les diocèses que traverse le canal, les rigoles et contre-canaux ont été bien entretenus; et qu'il a été convenu, sous le bon plaisir des États, entre les consuls de Portiragnes et le directeur du canal, de ne plus entretenir les contre-canaux dudit Portiragnes, attendu leur inutilité et le préjudice qu'ils causent aux possessions de plusieurs particuliers.

L'assemblée délibère d'approuver les conventions entre les consuls de Portiragnes et le directeur du canal; d'exhorter MM. les commissaires des diocèses et le sieur Pitot à continuer, etc., etc.

Mgr l'évêque de Montpellier a dit ensuite, que d'après la délibération du 28 décembre 1759, MM. les commissaires des travaux publics ayant pris connaissance de la proposition relative aux ouvrages projetés pour le Libron, ils jugèrent à propos, dans leur séance du 24 mai dernier, de faire procéder, en leur absence, par les trois directeurs des travaux publics, à une vérification à laquelle seraient appelées les parties intéressées.

Grande commission des trois ingénieurs principaux de la province et des commissaires des travaux publics pour le Libron, et de l'ingénieur du Roi chargé de cet ouvrage.

Que ces directeurs s'étant rendus, en conséquence, avec MM. les commissaires des travaux, sur les lieux, à la fin du mois d'octobre dernier, il fut procédé, en leur présence et celle des agents de MM. les propriétaires du canal, de l'ingénieur du Roi qui est chargé de cet ouvrage, et les députés de la communauté de Vias.

Ouï le procès-verbal, etc., les États délibèrent, 1° de consentir à l'exécution des ouvrages déterminés dans le procès-verbal de la vérification faite par les sieurs Pitot, Garigny et Sajet, le 15 décembre 1760, à condition que MM. les propriétaires du canal se chargeront de faire, à leurs dépens, non-seulement les ouvrages qu'ils ont projetés dans l'intérieur du canal, mais encore la continuation du lit dudit ruisseau, depuis la sortie du canal jusqu'à la mer.

2°. Que si lesdits propriétaires consentent à cet arrangement, MM. les députés à la cour seront chargés de poursuivre, auprès de Sa Majesté, les secours nécessaires pour conduire les eaux du Libron jusqu'à l'entrée dudit canal.

Première délibération des États au sujet de ce torrent.

3°. Que les contre-canaux, aussi indiqués dans le devis des directeurs des travaux publics, seront faits en commun par MM. les propriétaires du canal et la communauté de Vias, conformément aux conventions de 1759.

4°. Qu'il sera pourvu, le cas y échéant, aux réparations ou reconstructions des ponts situés sur le nouveau lit, conformément aux règlements de la province et auxdites conventions.

5°. Que lorsque tous lesdits ouvrages auront été exécutés, ils seront entretenus, savoir : les parties du nouveau lit du Libron jusqu'à l'entrée du canal, par les communautés sur le terrier desquelles passera ce nouveau lit, chacune pour la portion la concernant; et la partie depuis le canal jusqu'à la mer, par MM. les propriétaires; les contre-canaux, ainsi qu'il est porté par les conventions de 1759 et les ponts, conformément aux règlements.

Enfin, qu'au cas que MM. les propriétaires ne veuillent point exécuter ce plan, les choses demeureront dans l'état où elles sont, et on

s'en tiendra à l'exécution littérale des différents articles des conventions
de 1739.

Mgr l'évêque de Montpellier a dit ensuite que le sieur de Montferrier a rapporté à la commission un mémoire présenté par MM. les
propriétaires du canal de communication des mers, au sujet de
l'exécution de l'article 6 des conventions de 1739, concernant l'arpentement des francs-bords; que l'objet de ce mémoire est de faire
connaître que toutes les terres qui ont été acquises avant ou après la
construction du canal, à l'occasion de ce grand et important ouvrage, appartiennent en entier auxdits sieurs propriétaires.

Que dans un mémoire qui fut lu aux États, en 1739, plusieurs
communautés des diocèses de Carcassonne et de Saint-Papoul, s'é-
taient plaintes des discussions qui s'élevaient, à ce sujet, entre les
directeurs du canal et les propriétaires des fonds voisins qui restrei-
gnaient les francs-bords à six toises.

Qu'en 1745, dans un mémoire de MM. les propriétaires, lu aux É-
tats, ils ne demandaient que six toises de franc-bord de chaque côté
du canal, et douze toises d'ouverture d'excavation d'icelui.

Que ce mémoire ayant été renvoyé en 1746, aux diocèses, les uns
prétendaient réduire la largeur de l'emplacement du canal à vingt-
deux toises, et les autres à vingt seulement.

(*Arpentement des francs-bords.*) L'assemblée délibère de renvoyer à l'année prochaine pour prendre une résolution; en attendant,
de charger les syndics-généraux d'envoyer dans tous les diocèses où
passe le canal, des copies du nouveau mémoire présenté par M. de
Bonrepos, en priant MM. les commissaires des diocèses de prendre
dans le cours de l'année tous les renseignements qu'ils jugeront à
propos, et de les envoyer avec leurs observations et leur avis, trois
mois avant les États prochains, auxdits syndics-généraux, lesquels
feront de leur côté, soit aux archives de la province ou ailleurs, la
recherche et l'examen de tous les actes qui peuvent éclairer sur l'objet dont s'agit, pour, sur leur rapport, être délibéré ce qu'il appartiendra.

(1761, 10 *novembre, page* 136 *à page* 153.) Mgr l'évêque de Montpellier rend compte du procès-verbal de visite du canal de jonction
des mers, faite au mois d'octobre dernier par le sieur Pitot; quantité,
en gros, des travaux faits.

En général, les retenues sont en assez bon état, ainsi que les rigoles et contre-canaux, excepté dans le diocèse de Narbonne. — Observation semblable sur la rigole de sortie de l'aquéduc de Radèle, par la faute des diocèses de Saint-Papoul et de Mirepoix. — Le sieur Pitot fait mention qu'on lui a fait remarquer la nécessité d'ouvrir un contre-canal du côté du nord, sur quatre cent douze toises de longueur, dans la retenue de Viviers près de Castelnaudary. — Il a, de plus, observé que la rampe du pont de Piétat, dans le terroir de Capestang, étant trop rapide, les habitants sont obligés de passer sur le franc-bord du canal, ce qui a occasioné bien des contestations entre le directeur du département et les consuls de ladite communauté; mais qu'il a été convenu, en sa présence, que le passage sur le franc-bord, entre les ponts de Piétat et de Saisses, serait permis, pourvu que la commune de Caspestang s'oblige de bien engraver et entretenir ce passage ou chemin sur le franc-bord. — Il dit enfin que MM. les propriétaires du canal demandent toujours l'exécution de l'article des conventions au sujet de la rigole de l'aquéduc de Quarante.

Mgr l'évêque ajoute que le syndic du diocèse de Narbonne réclame contre le procès-verbal du sieur Pitot; qu'il prétend que ce directeur n'est entré dans aucune des rigoles, et n'en a point parcouru; s'étant contenté de juger des rigoles dont la plupart ont jusqu'à demi-lieue de longueur, par l'état de l'entrée et de la sortie des aquéducs, tandis qu'elles sont très-bien entretenues, et ont été trouvées en bon état par l'inspecteur du diocèse, au mois de juillet; que pour parer à l'embarras que peuvent produire quelques herbes, depuis cette époque, il faudrait un travail journalier; — que le sieur Pitot ne rend pas un compte détaillé de ce qui s'est passé à Capestang au sujet du pont de Piétat, et de la conduite trop peu mesurée dans cette circonstance, du sieur Andréossy, directeur de ce département, qui a fait construire un contre-canal de son autorité seule, etc., etc.; que le syndic du diocèse rendit compte de la conduite du sieur Andréossy au sieur de Montferrier, qui approuva la manière dont la contestation avait été terminée; — qu'il est surprenant que le sieur Pitot n'ait pas dit dans son procès-verbal qu'une partie des francs-bords du canal dans le même département avait été mise en culture, tandis que lui syndic l'avait prié par écrit de remarquer cet objet.

L'assemblée a délibéré, 1° que le sieur Pitot procéderait à la véri-

la vérification de M. Pitot
sera faite après le chômage, pour le canal, d'abord
en allant d'Agde à Toulouse, ensuite par les rigoles
en revenant;

fication du canal, d'abord après que la navigation sera rétablie, en commençant par Agde et remontant à Toulouse, et qu'après cette vérification il procédera à celle particulière dans chaque diocèse des rigoles, contre-canaux et autres ouvrages qui sont à la charge des diocèses et communautés relativement aux conventions; à laquelle vérification seront présents le syndic du diocèse et le directeur du canal, pour constater d'une manière précise et authentique l'état où se seront trouvés lesdits ouvrages, dont il sera fait mention en détail,

Que le procès-verbal
contiendra le détail de tous
ouvrages et sera signé par
M. Pitot, le syndic et l'ingénieur de la compagnie;

dans un procès-verbal qui sera signé par lui, le syndic du diocèse et le directeur du canal, s'il veut le faire, sauf, en cas de refus, en faire mention dans ledit procès-verbal, qui contiendra en même temps tout ce que le syndic aura pu faire observer, pour que, sur le rapport et examen qui en aura été fait aux États, il puisse être par eux déterminé ce qu'il appartiendra; indépendamment de laquelle visite les syndics des diocèses pourront encore assister, s'ils le jugent nécessaire, à la vérification du canal.

2°. Que le diocèse de Mirepoix sera exhorté à faire faire les recreusements qui suspendent ceux du diocèse de Saint-Papoul.

Que le nouveau contre-
canal demandé sera exa-
miné par les commissaires
de diocèses, et exécuté s'il
y a lieu;

3°. Que MM. les commissaires du diocèse de Saint-Papoul sont chargés de faire examiner la nécessité du nouveau contre-canal, indiqué par le sieur Pitot, auprès de Castelnaudary, et de pourvoir à son exécution s'il y a lieu; que MM. les commissaires de Narbonne prendront les mesures les plus convenables pour satisfaire à l'article des conventions, au sujet de la rigole de l'aqueduc de Quarante.

Que les chemins sur les
francs-bords du canal pour
le service des communau-
tés doivent être entretenus
par elles;

4°. Que si, d'après les conventions, il n'est pas dû chemin aux habitants de Capestang, sur les francs-bords du canal, ils ne peuvent en jouir que du consentement de MM. les propriétaires, qui, en ce cas, peuvent, comme l'a fait le directeur, demander que la communauté soit chargée de faire engraver et entretenir ledit passage; et, attendu que ce parti paraît le plus avantageux à la communauté de Capestang, suivant l'observation du syndic du diocèse de Narbonne, ce syndic est chargé de tenir la main à son exécution, de concert avec le directeur du canal, dans cette partie.

Qu'il sera vérifié s'il y a
des francs-bords cultivés.

5°. Qu'on a lieu d'être surpris d'entendre encore dire que les francs-bords sont cultivés malgré les assurances réitérées qu'ont données MM. les propriétaires, d'empêcher cette culture, qui ne peut être que nuisible au canal, et à quoi il sera remédié par la vérification déjà ordonnée au sujet des rigoles.

Mgr l'évêque de Montpellier a dit, *pages 262 à 269*, relativement à l'étendue et à l'arpentement des francs-bords, et les États ont délibéré, 1°. que la plus grande étendue serait de douze toises de chaque côté, en comptant du milieu de l'ouverture actuelle du canal, en tout vingt-quatre toises, savoir : douze pour l'ouverture du canal à la surface des eaux, et six pour les francs-bords de chaque côté, et que l'arpentement n'aura pour objet que de planter des bornes à l'extrémité de ces six toises.

2°. Que la largeur demeurera fixée à vingt-deux toises en tout, dans les parties où, d'après le procès-verbal de M. d'Aguesseau, le canal n'a actuellement qu'une largeur moindre de douze toises, puisque huit et même six toises pourraient suffire pour la navigation.

3°. Que dans le cas où, dans la situation actuelle, il n'y aurait franc-bord que d'un seul côté, les bornes seront posées à l'extrémité dudit franc-bord, dont la largeur sera alors fixée telle qu'elle sera trouvée.

4°. Que quant aux portions superflues ou excédantes, elles appartiennent à la province, et nullement à MM. les propriétaires, et que les États en disposeront ensuite, par qui qu'elles soient possédées, de la manière qu'ils jugeront le plus convenable.

(1762, *9 novembre, de page 57 à page 60*.) Mgr l'évêque de Montpellier a rapporté, d'après le procès-verbal de vérification du canal de jonction des mers, fait par M. Pitot, que ce procès-verbal contient ses observations sur l'état de chaque retenue, et le détail de tous les ouvrages qui ont été faits pendant le cours de l'année pour l'entretien dudit canal; il énonce ensuite, en gros, les quantités des principaux ouvrages.

Il dit que le sieur Pitot rend compte de l'état des rigoles et contre-canaux, et des observations qui lui ont été faites par MM. les syndics des diocèses, ou les autres personnes qui sont venues de leur part assister à sa visite, en quoi il a cru satisfaire aux intérêts des États, de même que s'il avait fait un procès-verbal particulier à ce sujet, comme le lui avait prescrit la dernière délibération des États : ce qui, en effet, a paru à MM. les commissaires remplir également leurs vues.

Que les principales remarques des directeurs consistent en ce qu'il importe de recreuser et de bien entretenir le lit de la rivière du Lers, comblé d'au moins trois pieds dans la banlieue de Toulouse, celui *idem* du Gardigeol; *idem* celui de la rigole de sortie de l'aqueduc de Radel, diocèse de Mirepoix; *idem* la rigole de sortie de l'aqueduc de Baragne, et, en même temps, celui du ruisseau de Fresquel, dans lequel cette rigole se jette; que le contour du bassin de Castelnaudary sur le grand chemin, a toujours besoin d'être fortifié ou revêtu; qu'il y a une contestation entre les diocèses de Saint-Papoul et de Carcassonne, relativement au contre-canal, du côté de Bram, qui forme partie de la rigole d'entrée de l'aqueduc de Rebenty.

Que les propriétaires du canal prennent les précautions convenables pour empêcher la culture des francs-bords, et qu'on a seulement semé de la luzerne en quelques endroits; ce qui est propre à soutenir les talus des terres.

L'assemblée délibère d'exhorter MM. les commissaires de diocèse à assurer le bon entretien des rigoles et contre-canaux, et à faire recreuser le lit des rivières dans lesquelles se dégorgent les eaux desdites rigoles, pour que rien ne s'oppose à leur écoulement, comme aussi de charger le sieur Pitot de plus fort de se conformer encore plus exactement à la dernière délibération prise l'année dernière au sujet de sa vérification.

On a fait le pont des Minimes, près de Toulouse, en 1762, aux frais de la province.

Les États accordent au sieur Pitot, qui sert la province depuis vingt-deux ans, sa retraite et la continuation, pendant sa vie, de ses appointements sur le pied de 2,500 liv., à condition qu'il continuera de donner ses soins aux ouvrages du pont d'Ardèche et d'Arieux jusqu'à leur entière perfection (*page* 183).

(1762, *le 4 décembre, page* 225.) Le sieur Grangent est nommé à la place du sieur Pitot, avec mêmes appointements que ce dernier, et M. Garipuy est chargé de l'inspection particulière du canal royal, aux mêmes appointements dont jouissait le sieur Pitot à raison de cette inspection.

(1764, 18 *février, de page* 105 *à page* 114.) Mgr l'évêque de Montpellier a dit que MM. les commissaires des travaux publics s'étant assemblés chez lui, le sieur de Montferrier leur a rapporté le procès-verbal de la visite du canal de jonction des mers, faite par le sieur Garipuy au mois de novembre dernier, pour rendre compte aux États de son état actuel et des travaux qui y sont relatifs.

Que le sieur Garipuy y rapporte le nombre et la hauteur de chaque écluse; la profondeur moyenne et la moindre de chaque retenue; les profondeurs des parties des rivières d'Orb et d'Hérault qui servent à la navigation; les ouvrages faits dans l'Orb pour en rehausser le niveau des eaux; l'état du bassin de Saint-Feriol et des rigoles; les dimensions et l'état des aquéducs construits sous le canal; les contre-canaux qui rassemblent dans ces aquéducs les eaux des terres supérieures au canal, et des rigoles qui portent dans les terres voisines les eaux de ces aquéducs, et celle des épanchoirs destinés à vider les eaux superflues du canal.

Que ce procès-verbal contient encore les demandes faites par les syndics des diocèses, ou par les riverains, ainsi que les réponses et les demandes faites par les agents de MM. les propriétaires du canal; à quoi le sieur Garipuy a ajouté ses réflexions particulières.

Mgr l'évêque donne ensuite, en gros, la quantité des principaux ouvrages faits pour l'entretien du canal; que les diocèses ont pareillement entretenu les contre-canaux et les rigoles, et que le tout est en aussi bon état que possible, à la réserve de la rigole de Quarante.

Que cette rigole, dont la longueur est de deux mille cinq cents toises depuis le canal jusque dans l'étang de Capestang, est indispensable à recreuser, en redressant son lit, au dire de toutes les parties intéressées; et que le roi ayant déjà accordé pour cela à la communauté de Capestang une somme de 5,000 liv., le syndic du diocèse de Narbonne a fait faire le devis de ce recreusement, dans lequel, pour

suppléer au défaut de profondeur que la hauteur des eaux de l'étang ne permet pas de donner, il est marqué que les terres des déblais seront portées de part et d'autre à douze toises de distance près de l'étang, et à deux toises près de l'aquéduc, et qu'elles formeront des levées qui laisseront entre elles un canal en forme d'un tonneau, dont la largeur augmentera à mesure que la profondeur diminuera en s'approchant de l'étang; que le directeur du canal a prétendu que les propriétaires n'étaient pas tenus à la construction de levées : à quoi le syndic du diocèse a répondu, que si on propose des travaux meilleurs, il convient de les faire exécuter : sur quoi on attend la réponse de MM. les propriétaires.

Portes d'écluse rehaus-
sées par la compagnie faute de recreusements con-
venables.

Evaluation d'un nouvel
aquéduc par Garipuy.

Difficultés de Toulouse
pour recreuser la rivière
du Lers.

Discussion entre Saint-
Félix et la compagnie pour
le recreusement du Lau-
dot.

Demandes d'un abreu-
voir, d'un mur, d'un nou-
veau contre-canal.

Accord entre les diocè-
srs de Saint-Papoul et de
Carcassonne.

Demande de reprises en

Que le sieur Garipuy donne un avis favorable à la construction d'un aquéduc réclamé par la communauté de Saint-Agne, quoiqu'on doive baisser d'un pied la retenue voisine, en ôtant un rehaussement de pareille hauteur, qui est encore à la porte de défense de l'écluse de Bayard, et qui n'est pas nécessaire depuis que cette retenue a été recreusée à fond ; que, pour satisfaire aux intérêts de cette communauté et à d'autres, il convient de reconstruire l'aquéduc de Madron, en augmentant son débouché, ce qui coûterait environ 2,400 liv., et de recreuser la rigole de sortie dès qu'on sera parvenu à contraindre la ville de Toulouse à faire le recreusement de la rivière de Lers, lequel recreusement doit faciliter l'écoulement de plusieurs autres aquéducs dans le diocèse de Toulouse, etc.

Que la communauté de Saint-Félix, dans le diocèse de Toulouse, demande le recreusement du ruisseau de Laudot, depuis l'épanchoir qui y verse les eaux superflues de la rigole jusqu'à son embouchure dans la rivière de Sors, sur environ quatre cents toises de longueur ; mais qu'il faut auparavant faire dans la rivière de Sors le recreusement qui a été ordonné depuis long-temps, et auquel la province contribue pour une somme de 12,000 liv. ; que, sur le premier recreusement, la communauté de Saint-Félix, et le sieur Serres, directeur-général du canal, ne sont pas d'accord sur la question de qui en supportera la dépense ; sur quoi le sieur Garipuy fait observer que la vérification de 1740, faite après les conventions, n'a rien dit à ce sujet.

Que d'autres demandes, de moindre conséquence, ont été convenues par les parties intéressées, 1° pour la construction d'un abreuvoir près la métairie de Sors, dans le diocèse de Carcassonne ; 2° la construction d'un petit mur sur le contre-canal de l'aquéduc de Capestang ; 3° le recreusement d'un nouveau contre-canal d'environ sept cents toises de longueur, près de Colombiers, du côté de l'étang de Montady, pour intercepter les filtrations du canal qui gâtent quelques possessions particulières.

Que les diocèses de Saint Papoul et de Carcassonne se sont mis d'accord au sujet de l'élargissement de la partie inférieure de la rigole d'entrée de l'aquéduc de Rebenty ; que celui de Carcassonne est chargé d'entretenir à l'avenir, sur deux toises de largeur, la partie de ce contre-canal qui le concerne.

Que le sieur Garipuy demande que tous les diocèses imitent l'exem-

pierre dans toutes les rigoles.

ple indispensable à suivre qu'ont donné les diocèses de Toulouse et de Carcassonne, en établissant des repères en pierre dans un massif de maçonnerie, pour fixer le plafond du lit des rigoles et contre-canaux.

Copie des articles du procès-verbal de Garipuy adressée à la compagnie.

Que le sieur de Montferrier ayant cru convenable de communiquer à MM. les propriétaires du canal les articles du procès-verbal du sieur Garipuy, sur lesquels on n'avait pas été d'accord avec leurs agents, il en avait fait faire un extrait, qu'il a adressé à M. le comte de Caraman,

Offre faite à cette compagnie pour le pont-aquéduc de Madron qui serait exécuté par elle.

en lui faisant observer qu'il serait peut-être plus expédient, pour le bien même de la chose, que MM. les propriétaires se chargeassent de la construction du pont-aquéduc de Madron, sur le pied de l'estimation du sieur Garipuy.

Réponse de la compagnie.

Que MM. les propriétaires ont répondu, 1° qu'ils se chargeraient de cet objet, moyennant une somme réglée sur un devis estimatif fait avec la dernière précision, mais qu'ils demandent avec la plus vive instance que le Lers soit recreusé.

2°. Que sur ce qui regarde la rivière de Quarante, ils donneront mille écus pour la moitié de l'excavation de son nouveau lit, qui sera élargi tant qu'il sera nécessaire pour le bien des riverains, ce qui ne regarde pas les propriétaires du canal, et qu'ils contribueront pour moitié à l'entretien du lit de sortie, tant qu'ils y conduiront les eaux de l'épanchoir construit près de l'aquéduc de Quarante, mais qu'ils demandent que cet ouvrage soit fait cette année.

3°. Que pour ce qui concerne le lit du ruisseau de Laudot, il convient d'examiner si MM. les propriétaires ne sont pas en droit d'exiger que les plantations faites en contravention de l'article 3 des conventions, soient détruites par les riverains, et qu'ils enlèvent les dépôts qu'elles ont occasionés; sur quoi ils s'en rapportent à la décision des États, d'après l'examen qui pourra être fait lors du plantement des bornes.

Délibération des États.

Les États délibèrent, conformément à la proposition du sieur Garipuy, 1° que l'entière dépense de la rigole de Quarante sera supportée par égales portions par la communauté des Capestang et par MM. les propriétaires du canal, en réduisant du reste le transport des terres à six toises au lieu de douze.

2°. Qu'on ne touchera, quant à présent, aux épanchoirs qui sont sur le puits de sortie de l'aquéduc de Quarante, sauf à les changer dans la suite relativement au procès-verbal fait en 1740, si l'expérience rend ce changement nécessaire, etc.

M. Garipuy fera le projet du pont-aquéduc de Madron.

3°. Que le pont-aquéduc de Madron sera exécuté l'année prochaine aux frais de la province, pendant lequel intervalle le sieur Garipuy sera chargé d'en faire les plans, le devis et l'estimation précise, lesquelles pièces seront communiquées à MM. les propriétaires, pour qu'ils puissent se charger de cet ouvrage, s'ils le jugent à propos, au prix de l'estimation; sinon que le bail en sera passé par MM. les commissaires des travaux publics, en la forme ordinaire.

Le recreusement du Lers est ordonné.

4°. Que la ville et le diocèse de Toulouse sont exhortés de faire au plus tôt, chacun en droit soi, les recreusements de la rivière du Lers et des rigoles de sortie des divers aquéducs, ainsi qu'il est porté par le procès-verbal du sieur Garipuy.

Idem celui de Laudot à demi frais.

5°. Que les travaux de recreusement du ruisseau de Laudot, depuis l'épanchoir de la rigole de la plaine jusqu'à son embouchure dans la rivière du Sors, seront supportés à frais communs par les propriétaires intéressés, et par les propriétaires du canal, ainsi que l'entretien après.

L'abreuvoir, le mur et le nouveau contre-canal sont autorisés.

6°. Que l'abreuvoir susdit, le mur, le nouveau contre-canal près de Colombiers, enfin l'élargissement et l'entretien du contre-canal de Rebenty, sont approuvés et autorisés.

Les repères dans le lit des rigoles sont ordonnés.

Enfin, que l'on exhorte les diocèses à faire planter dans le fond des rigoles, des repères en pierre de taille engagés dans un carré de maçonnerie, et espacés de cent en cent toises, ainsi qu'il a été pratiqué dans les diocèses de Toulouse et de Carcasonne.

(1764, 20 *février, de page* 149 *à page* 152.) Mgr l'évêque de Montpellier a dit, sur un nouveau mémoire présenté par les propriétaires du canal, relativement à l'arpentement des francs-bords et à leurs prétentions sur les excédants, que l'importance de la matière et la nouvelle face sous laquelle on la présente, exige, avant de statuer de nouveau, s'il pouvait y avoir lieu, la levée d'une carte, etc.

Les États chargent M. Garipuy de lever le plan du canal pour fixer les limites des francs-bords.

L'assemblée délibère, sans déroger en rien à sa délibération du 18 novembre 1761, de charger le sieur Garipuy, inspecteur pour la province du canal, de lever incessamment le plan exact de son cours avec ses bords, digues, écluses, contre-canaux, rigoles, bâtiments et autres ouvrages qui y ont rapport, dans leur état actuel, en y joignant des profils d'espace en espace pour faire connaître la hauteur des eaux, des digues et des terrains limitrophes ; d'employer à cette opération toutes les personnes dont il aura besoin pour que cette carte puisse être présentée à la prochaine assemblée des États, et d'autoriser le trésorier de la bourse à payer, sur les ordres de Mgr l'archevêque de Narbonne, les sommes qu'il jugera nécessaires pour les frais dudit travail.

(1764, 3 *mars, de page* 226 *à page* 231.) Mgr l'évêque de Montpellier rappelle, au sujet du Libron, les antécédents de la délibération des États du 20 décembre 1760, et cette délibération ; il dit que MM. les propriétaires du canal ayant pris connaissance des pièces et des plans qui y étaient joints, se soumettent à faire construire en même temps que l'on travraillera à l'excavation du nouveau lit du Libron, un ouvrage composé de quatre portes de défense, d'un radier, d'une cale et d'un réservoir, selon les dimensions qui seront fixées par le sieur Garipuy. — Qu'ils s'engagent aussi à donner une somme de 10,000 liv. au lieu 8,000 liv. pour l'excavation de la rigole de sortie de ce nouveau lit, depuis le canal jusqu'à la mer, mais qu'ils ne peuvent s'engager à l'entretien de cette rigole de sortie, même en partie.

L'assemblée a délibéré : 1° d'accepter la susdite offre de 10,000 liv., moyennant le paiement de laquelle somme MM. les propriétaires du canal seront chargés de la première construction du nouveau lit netre le canal et la mer.

2°. De renvoyer à l'année prochaine à déterminer aux frais de qui cette partie du Libron sera entretenue.

3°. Que le sieur Garipuy, directeur du canal, sera chargé, suivant le désir de MM. les propriétaires, de marquer, lorsqu'il en sera requis, les dimensions des cales et des réservoirs où doivent passer les eaux du Libron, conformément au procès-verbal du 15 décembre 1760.

4°. Qu'il sera demandé à Sa Majesté une somme de 30,000 liv. pour le creusement du nouveau lit du Libron au-dessus du canal ; et que sur les autres objets déterminés par la délibération du 20 décembre 1760, on s'en tiendra à ce qu'elle contient.

(1764, 13 *décembre, de page* 54 *à page* 55.) Mgr l'évêque de Montpellier a rendu compte du procès-verbal de visite du canal de jonction des mers, faite par le sieur Garipuy, chargé de l'inspection de cet ouvrage. Il énonce, en gros, la quantité des travaux faits pour l'entretien du canal. — Il parle de plusieurs réquisitions faites par les riverains. — 1° Des habitants du lieu de Saint-Agne pour écouler les eaux de leurs possessions, situées au couchant de Lespinet; le sieur Garipuy estime, à ce sujet, qu'il faudrait ouvrir un contre-canal de cinq cent quarante toises de longueur, enlever la planche de la porte de défense de l'écluse Bayard qui en rehausse les eaux d'un pied, et rabaisser de la même quantité le couronnement de la cale dans laquelle les eaux du contre-canal doivent se rendre.

2°. De la communauté de Ramonville, tendante à conserver l'ancien aquéduc de Madron, et à établir le nouveau près de la métairie de Goubié; ce que le sieur Garipuy estime devoir être accordé, sauf à baisser la voûte de l'ancien aquéduc, si on reconnaît qu'elle gêne la navigation.

3°. Celle d'un riverain qui se plaint du trop de largeur des francs-bords au droit de sa propriété, ce qui sera décidé lors du plantement des bornes.

4°. Celle du sieur Delpy, pour le changement d'un des contre-canaux d'entrée de l'aquéduc de Notre-Seigneur, dont le sieur Garipuy croit que l'exécution convenable peut être renvoyée au diocèse de Toulouse et aux propriétaires du canal.

Enfin, celle du sieur Prieur de Quarante, relative à l'agrandissement de l'aquéduc de Quarante, qui est prématurée, et d'un nouvel aquéduc aux frais de la province, qui ne peut être accordé, mais seulement la permission de le construire aux dépens dudit Prieur, sans préjudice au droit de ceux qui pourraient s'y opposer.

Que l'on allait s'occuper, dans les diocèses, au renouvellement des baux d'entretien des rigoles et contre-canaux, du plantement des repères pour en fixer la profondeur, ainsi que du recreusement de la rivière de Lers.

Il a été délibéré d'approuver et autoriser tout ce qui résulte du procès-verbal du sieur Garipuy, d'imposer 6.000 liv. en à-compte de la dépense du nouvel aquéduc de Madron, et de laisser subsister l'ancien.

Il a été dépensé, en levée de cartes du canal, environ 9,000 liv.

8

Le Roi ayant donné des fonds pour le Libron, on adjugera les ouvrages.

(1764, 29 *décembre*.) Sa Majesté ayant accordé la moitié des 5o,ooo liv. demandées pour le recreusement du nouveau lit du Libron, et les propriétaires du canal offrant de fournir dès à présent leur contingent de 10,000 liv., l'assemblée délibère de procéder sans délai aux adjudications.

L'assemblée délibère une gratification de 2,000 liv. en faveur du sieur Garipuy pour la levée de la carte du canal.

M. Garipuy énonce *idem*.

(1765, 7 *janvier, de page* 85 *à page* 87.) Mgr l'évêque de Montpellier rend compte du procès-verbal de visite du canal de jonction des mers, faite par le sieur Garipuy, chargé de la direction de cet ouvrage, etc., etc.

Il estime, et les États délibèrent.

Le niveau du couronnement d'une cale, et la reconstruction d'un mur au-dessus.

L'assemblée délibère : 1° que le couronnement de la cale de Lespinet sera mis de niveau à deux pouces de hauteur au-dessus des eaux de la retenue déterminée par l'entretoise maîtresse de la porte de Bayard ; que le mur en pierre sèche qui est au-dessus soit refait, afin que les eaux trouvent un passage plus libre au travers des joints des nouvelles pierres ; et que, lorsque les limites du franc-bord seront posées en cet endroit, on recreuse un contre-canal de cinq cent quarante toises longueur pour vider les eaux des possessions riveraines.

Un nouveau contre-canal.

27,ooo liv. à la compagnie pour faire l'aqueduc Saint-Agne.

2°. D'accepter l'alternative offerte par M. le comte de Caraman, de se charger de la construction de l'aqueduc Saint-Agne, moyennant 27,000 liv.

L'épreuve du radeau du Libron.

3°. D'approuver l'épreuve du radeau qu'il se propose de faire pour le passage des eaux du Libron.

4°. De donner pouvoir de plus fort autant que besoin, à MM. les commissaires des travaux publics, d'adjuger les ouvrages déjà approuvés.

La demande au Roi d'un nouveau secours pour Capestang.

5°. D'imposer 6,000 liv., à compte de la dépense du nouvel aqueduc qui sera construit dans le terrain de Ramonville Saint-Agne ; que MM. les députés à la cour seront chargés de solliciter un nouveau secours en faveur de la communauté de Capestang, comme aussi de tenir la main au prélèvement de la somme de 10,000 liv. pour le second tiers de celle de 3o,000 liv., acccordée pour les ouvrages du Libron, et de recevoir celle de 10,000 liv., offerte par MM. les propriétaires du canal pour contribuer à l'excavation du nouveau lit

L'offre de la demande de la compagnie de ne pas être chargée d'entretenir le Libron entre le canal et la mer.

d'entrée et de sortie du Libron, sous la condition qu'ils seront déchargés pour l'avenir de toute autre demande relative à l'excavation et à l'entretien des lits d'entrée et de sortie dudit ruisseau du Libron depuis la source jusqu'à la mer.

M. Garipuy énonce *idem*.

(1766, 16 *décembre, de page* 108 *à page* 117.) Mgr l'évêque de Nîmes a rendu compte du procès-verbal de visite du sieur Garipuy, etc., etc., etc.

Les Etats délibèrent de n'avoir pas égard aux réclamations de Vias contre les ouvrages du Libron.

L'assemblée délibère, 1° de continuer le recreusement déjà très-avancé, du ruisseau du Libron, au-dessus du canal, sur les alignements déjà prescrits, sans avoir égard aux oppositions faites par la communauté de Vias ni autres; cependant qu'on accordera à la communauté de Vias le recreusement qu'elle demande d'un fossé de cinquante toises longueur, jusqu'à ce qu'on ait ouvert les contre-canaux sur les limites du franc-bord pour porter les eaux de leurs possessions dans le ruisseau du Libron.

D'employer à Capestang les fonds accordés par le Roi.

2°. Que la commune de Capestang emploiera incessamment les fonds que Sa Majesté a bien voulu lui accorder, et qu'il sera sollicité de nouveaux secours pour achever un ouvrage aussi utile.

3°. Que les États n'empêchent pas MM. les propriétaires du canal de couper l'atterrissement formé au-dessus du pont de Cesse, à la charge, par eux, d'indemniser M. de La Brosse, etc.

4°. De solder les travaux de l'aquéduc Saint-Agne.

Les Etats délibèrent :

(1766, 23 *décembre, de page* 172 *à page* 178.) Mgr l'évêque de Nîmes a rendu compte de l'arpentement, pose des bornes, carte concernant les francs-bords et le canal; l'assemblée a délibéré d'allouer en dépense faite la somme de 5,074 liv., employée aux frais de la carte des rigoles et contre-canaux du canal, et une somme de 2,000 liv. en gratification au sieur Garipuy.

Des fonds pour les cartes du canal;

2°. Qu'il sera procédé, le plus tôt possible, au plantement des bornes, conformément aux délibérations prises, et notamment à celle du 25 janvier 1766.

Le plantement des bornes pour limiter ses francs-bords;

La propriété des excédants à la province;

3°. Que l'intention des États est qu'aucun propriétaire riverain n'empiète sur les excédants, qui sont des terrains appartenants à la province.

L'emplacement des chemins sur ces excédants ou sur les francs-bords en cas d'insuffisance.

4°. Qu'il sera procédé en même temps au plantement des bornes et à l'indication des chemins dont il est fait mention dans l'art. 6 des conventions de 1739, lesquels chemins seront placés, autant que possible, sur les terrains appartenants à la province, restants au-delà des bornes des francs-bords, sauf, dans le cas où lesdits terrains seraient insuffisants, à MM. les propriétaires à y pourvoir sur les francs-bords du canal, conformément audit article des conventions. — La largeur desquels chemins sera et demeure fixée aux dimensions prescrites par le dernier règlement, relativement à l'usage auquel doit servir chaque chemin.

La culture des francs-bords avec condition de ne pas nuire.

Enfin, que les États n'empêchent point que les propriétaires mettent en cultures les francs-bords limités, sans nuire toutefois au public et aux particuliers, de quoi lesdits propriétaires demeureront garants et responsables.

(1766, 29 *décembre, de page* 194 *à page* 196.) Mgr l'évêque de Nîmes a rendu compte de l'examen que la commission des travaux publics renforcée a fait de la question des excédants aux francs-bords du canal.

Les États délibèrent :

L'assemblée a délibéré.

La vente, par préférence, des excédants à la compagnie ;

1°. Que toutes les terres appartenantes à la province, au-delà des bornes des francs-bords du canal qui seront placées conformément à la délibération du 25 janvier 1766, dont MM. les propriétaires voudront faire l'acquisition, leur seront cédées et aliénées par préférence sur tout autre particulier, au prix qui sera réglé à dire d'experts.

2°. Que cette aliénation n'aura lieu qu'après que le bornement des limites du canal, y compris ses francs-bords, sera entièrement fini.

Les formes à suivre avant de procéder à cette vente.

3°. Qu'avant de passer aucun acte d'aliénation, les possesseurs des fonds limitrophes aux terrains demandés par MM. les propriétaires, seront appelés à l'effet d'être convenu et réglé à l'amiable avec eux jusqu'où doivent s'étendre légitimement leurs possessions, après lequel accord fait entre lesdits particuliers et la province, il sera procédé à l'arpentement ou toisé des terrains non contestés, sur lequel sera réglée, par les experts, leur juste valeur, et passé ensuite l'acte de leur cession à MM. les propriétaires du canal.

Enfin, que les chemins que les actes ont bien voulu laisser établir sur les excédants seront placés, autant que possible, du côté des terres des riverains pour leur servir de coufront permanent.

M. Garipuy énonce idem.

(1767, 12 *décembre, de page* 170 *à page* 196.) On rend compte du procès-verbal de visite du sieur Garipuy; quantité en gros d'ouvrages faits ;

(61)

Le nouvel aquéduc de Saint-Agne et la rigole sont finis.

Les propriétaires du canal demandant, dans le diocèse de Narbonne, le recreusement de rigoles de sortie de divers aquéducs, l'inspecteur des travaux publics de ce diocèse doit en faire incessamment le nivellement.

Ils font aussi des observations sur des contre-canaux qui manquent, sur le peu de capacité de certains aquéducs, etc., auxquels ils prétendent que la province ou les communautés doivent remédier. M. Clausade agit ici pour MM. les propriétaires. Le syndic de Narbonne répond qu'il consent à ce qu'il soit fait des contre-canaux, conformément aux conventions, partout où le sieur Garipuy jugera nécessaire de les faire; que la commune de Ginestas n'a pas demandé des contre-canaux, mais l'embouchure libre de son ruisseau dans le canal, et que MM. les propriétaires ont fermée sans observer aucune des précautions prescrites par l'art. 5 des conventions; qu'il demande que la rigole d'entrée de l'aquéduc de Frenicoupe soit élargie et approfondie suivant le devis qui en a été dressé par l'inspecteur des travaux du diocèse, de concert avec M. Andréossy, directeur de cette partie du canal; enfin, que les ouvrages proposés par le sieur Clausade, relativement à la rigole de sortie de l'aquéduc d'Éthou, n'intéressant que la sûreté du canal, ne sauraient être à la charge du diocèse.

Le procès-verbal dit encore que, par suite d'une brèche qui s'est faite l'année dernière, MM. les propriétaires ont fait construire près le pont de Piétat, proche de Capestang, trois épanchoirs et deux réversoirs, avec l'approbation du sieur Garipuy et de l'ingénieur du Roi, mais que ces ouvrages ne peuvent avoir leur effet qu'en creusant une rigole jusqu'à l'étang; que ledit Garipuy a consenti à l'ouverture de cette rigole, à condition que MM. les propriétaires du canal fissent un pont de bois à travers le grand chemin actuel, en attendant un pont de maçonnerie aux frais de la sénéchaussée. — Que M. le syndic de Narbonne a répondu qu'il aurait dû être entendu, avant l'établissement de ces épanchoirs, etc., etc., etc.

Le sieur Clausade a ensuite requis le sieur Garipuy, directeur, de faire mention dans son procès-verbal de la stérilité des rivières de Fresquel, Orbiel, Argent-Double, Ognon, Cesse, qui ne fournissent point d'eau, ce qui a obligé de remplir tout le canal avec les eaux de

L'ingénieur du diocèse de Narbonne fait le nivellement des rigoles, dont la compagnie demande le recreusement.

La compagnie demande d'autres contre-canaux, plus de capacité à certains aquéducs.

Le syndic dit que la compagnie a fermé illégalement l'embouchure de ruisseaux.

Que l'ingénieur du diocèse et celui du canal ont fait de concert un devis de rigole.

Que des travaux proposés par l'ingénieur du canal ne sont que dans l'intérêt de cette compagnie.

Que par urgence trois épanchoirs et deux réversoirs ont été construits par le canal avec approbation de M. Garipuy et de l'ingénieur du Roi, sans que le syndic ait été entendu.

L'ingénieur du canal requiert M. Garipuy de constater la stérilité des rivières.

Saint-Ferréol; que quoiqu'on les ait vidées, à compter du 18 septembre, les eaux étaient encore basses à Forsezannes le 9 octobre, jour de la visite dudit Garipuy, qui trouva à Trèbes douze barques de descente arrêtées faute d'eau, et près de Béziers quinze barques, peu chargées, arrêtées par la même raison. Le syndic de Narbonne a répondu qu'il est étonnant qu'on ait manqué d'eau, si on a eu soin d'entretenir le recreusement du canal sur le niveau de pente convenable; que, du reste, s'il y a réellement pénurie d'eau, on doit en conclure la nécessité d'introduire dans le canal les eaux de la rivière d'Aude.

Le sieur Garipuy dit que ces faits sont étrangers à sa visite, que d'ailleurs la réquisition n'a pas été faite sur les lieux, et qu'il n'a rien à ajouter au résultat de ses sondes.

Le sieur Garipuy expose ensuite que l'aquéduc d'Arièges reçoit les eaux du ruisseau de ce nom et de celui de Saint-Victor; que les inondations survenues pendant l'automne dernière surmontèrent les francs-bords du canal, ensablèrent une partie, et firent des affouillements considérables auprès de l'écluse d'Arièges; que, d'après la délibération des États, du 18 septembre 1766, il a reconnu les dommages, soit pour les riverains, soit pour le canal, et fait lever un plan du local joint à son procès-verbal; qu'il a tracé sur cette carte les ouvrages qu'il propose, et qu'il en donnera les plans et devis détaillés, si les États le désirent; que leur dépense pourra aller à 25,000 livres.

L'assemblée délibère, 1° qu'on fera incessamment le nivellement des rigoles de sortie des aquéducs, dont MM. les propriétaires demandent le recreusement, et que MM. les députés à la cour seront priés de solliciter du Roi de nouveaux secours pour la rivière de Quarante.

2°. Que le recreusement de contre-canaux demandé de part ou d'autre, sera différé jusqu'après le plantement des bornes, dans tous les endroits où ils pourront servir de limites.

3°. Qu'aucune des ouvertures faites au franc-bord du canal pour l'écoulement des eaux des possessions riveraines, ne pourra être fermée qu'après une délibération des États prise à ce sujet, sur le rapport du sieur directeur, conformément aux conventions.

4°. Que la rigole de sortie des nouveaux épanchoirs près le pont de Piétat, sera recreusée incessamment, aux frais de MM. les propriétaires du canal, dans l'emplacement qui leur sera fixé par ledit sieur directeur, en présence du syndic du diocèse, et que l'indemnité des terres qu'il faudra couper sera payée de gré à gré, à dire d'experts.

La défense de construire de nouveaux épanchoirs jusqu'après décision des États.

5°. Qu'il ne sera fait à l'avenir aucun nouvel épanchoir pour vider les eaux superflues du canal, que sur une délibération des États prise à ce sujet, d'après une vérification faite par le sieur Garipuy, en présence du syndic du diocèse et des consuls des communautés intéressées, conformément aux conventions.

L'ajournement des ouvrages proposés près Béziers.

6°. Que quant à l'aquéduc d'Ariéges, la nécessité des ouvrages indiqués par le sieur Garipuy est reconnue, mais que leur exécution sera suspendue, jusqu'à ce que les travaux du Libron soient achevés.

La construction d'une nouvelle cale près de Capiscol.

7°. Que les cales du seigneur Donnat et de Capiscol n'étant point suffisantes, il en sera construit une nouvelle vis-à-vis le ruisseau de Saint-Antoine.

Enfin, on applaudit au zèle de MM. les propriétaires du canal, et on les exhorte, ainsi que les syndics, à continuer, etc., etc.

Les États délibèrent :

(1767, 28 *décembre, de page* 584 *à page* 390.) Mgr l'évêque de Nîmes dit, et l'assemblée délibère.

Des fonds pour les cartes du canal ;

1°. Que les sommes dépensées pour les frais de la levée de la carte du canal seront allouées, que ce travail sera poursuivi, et que les cartes déjà levées seront gravées à Paris le plus tôt possible.

2°. D'accorder au sieur Garipuy une gratification de 2,000 liv.

La confection pendant l'année prochaine du plantement des bornes ;

3°. Qu'il sera procédé par le sieur de La Fage, pendant les mois de mars, avril et mai prochain, à l'exécution des délibérations ci-devant prises pour le plantement des bornes du canal, pour que cette opération importante puisse être achevée dans le courant de l'année prochaine.

Le recreusement du Lers ;

L'examen de rigoles et épanchoirs demandés par la compagnie, et la construction de ces épanchoirs si la commission des travaux publics donne son consentement au nom des États.

4°. Que le diocèse et la ville de Toulouse seront exhortés de faire travailler à l'entretien du recreusement de la rivière du Lers ; que le sieur Garipuy procédera à la vérification des faits exposés par MM. les propriétaires du canal au sujet des rigoles de l'aquéduc Saint-Agne, pour, sur son rapport, être statué aux États prochains ce qu'il appartiendra ; que ce directeur procédera aussi à l'examen d'un second épanchoir près Capestang, réclamé par MM. les propriétaires ; et que les membres de la commission nommés pour la direction des travaux publics, pendant l'année, pourront, s'il y a urgence, donner au nom des États leur consentement à la construction de cet épanchoir.

Les États adoptent l'offre faite par la compagnie de se charger de l'entretien des abreuvoirs.

Enfin, l'assemblée accepte la proposition faite par MM. les propriétaires du canal, de se charger de l'entretien des abreuvoirs après qu'ils auront été dûment payés et mis en bon état, moyennant le paiement d'une somme de 3 liv. pour chaque abreuvoir, qui leur sera payée par eux, à la charge desquels doivent être faits, réparés et entretenus lesdits abreuvoirs.

Projet de seconde jonction du canal avec la Garonne, dit canal de Saint-Pierre.

(1768, 2 *janvier, de page* 603 *à page* 613.) L'assemblée s'occupe d'un projet de canal, à dériver de la Garonne au-dessus du moulin du château pour joindre le canal royal, projet présenté par M. de Saget, qui comprend aussi un projet de porte dans le bassin de la Garonne; s'accorder avec les propriétaires du canal, supplier Sa Majesté de vouloir autoriser le projet.

Un arrêt du conseil approuve ce projet; le bail pour l'exécution est adopté.

(1768, 10 *décembre, de page* 47 *à page* 49.) L'évêque de Nîmes a dit qu'il a été rendu, le 25 juin dernier, un arrêt du conseil qui autorise la construction du canal ci-dessus, etc., etc.; l'assemblée approuve le bail passé pour la construction de ce canal, etc., etc.

Proposition faite aux États par M. de Caraman de leur céder ses droits sur le canal.

(1768, 13 *décembre, de p.* 59 *à p.* 61.) Mgr l'archevêque de Narbonne a dit que MM. de Bonrepos et de Caraman lui firent, l'année dernière, des propositions pour céder à la province les droits et facultés accordés à M. de Riquet, leur auteur, par l'édit du mois d'octobre 1666, etc., etc. Qu'il avait cru, avant d'entreprendre une négociation, devoir s'assurer de l'approbation du Roi; que les ministres lui ont répondu qu'il ne saurait rien faire de plus agréable à Sa Majesté que d'entreprendre cette négociation; qu'ayant eu l'honneur d'en parler au Roi, Sa Majesté lui a renouvelé les mêmes assurances.

Adhésion du Roi à la poursuite de cette affaire.

Qu'il a donc reçu les propositions par écrit de MM. de Bonrepos et Caraman, et que la commission renforcée des membres qu'il nomme se réunira chez lui aujourd'hui pour les examiner, etc.

M. Garipuy donne... idem.

(1768, 13 *décembre, de page* 67 *à page* 72.) Mgr l'évêque de Nîmes rend compte de la visite du canal par le sieur Garipuy. Il énonce la quantité, en gros, des ouvrages faits; il parle ensuite des réquisitions faites par les riverains ou les propriétaires du canal; on y remarque que la rigole de Frenicoupe a 72 pieds et demi de pente sur quatre mille deux cent quatre-vingt-sept toises de longueur, ce qui donne environ 2 lig., 5 de pente par toise; que les propriétaires du ca-

Cote demandée.

nal demandent l'autorisation de faire une cale à l'embouchure du ruisseau de la Moulière sur les dimensions qui seront jugées le plus convenables; que le syndic de Béziers a remis un acte qu'il a fait signifier au sieur Clausade le 23 août dernier, pour s'opposer à la construction d'une nouvelle demi-écluse près la cale du seigneur Donat, en remplacement de celle du pont Rouge qu'il avait fallu démolir en 1767, par suite de l'inondation du 13 octobre 1766. Que le sieur Laroque, ingénieur du Roi sur le canal, s'étant rendu à Béziers au commencement du mois d'août, ledit sieur syndic lui aurait représenté qu'il était chargé de requérir le sursis de la nouvelle demi-écluse, jusqu'à ce que la nécessité en eût été constatée et autorisée par une délibération des États; qu'il avait même communiqué, tant à cet ingénieur qu'au sieur Clausade, une lettre de M. de Joubert, portant qu'il avait été arrêté avec M. de Caraman, que cette construction serait différée jusqu'à l'année prochaine; qu'après le départ de cet ingénieur, le sieur Clausade avait prétendu avoir été chargé par lui de procéder sans retardement à cette construction; et qu'en effet, il y avait fait travailler tout de suite jusqu'à sa perfection, nonobstant toutes les prétentions contraires.

M. Garipuy estime, la commission propose, et l'assemble délibère, 1° l'autorisation de la rigole que le syndic du diocèse de Toulouse fait ouvrir entre l'enclos de Lespinet et les possessions de M. Castel; le recreusement de la partie basse de cette rigole, en baissant d'une assise le couronnement du mur qui la termine, et celui des puits d'entrée de l'aquéduc de Saint-Agne; de charger MM. les députés à la cour, d'obtenir (faute par la ville de Toulouse, d'avoir fait faire dans le délai de six mois le recreusement de la rivière du Lers, absolument nécessaire pour l'entretien des rigoles qui passent dans les aquéducs faits sous le canal, depuis Renneville jusqu'à Saint-Agne) un arrêt du conseil qui autorise la province à le faire faire à ses frais et dépens.

2°. Qu'il convient, avant d'actionner le fermier de M⁁ʳ de Conti, de s'adresser au conseil de ce prince pour tâcher d'obtenir le rétablissement des rigoles qui ont été barrées.

3°. Dès que le bornage du canal sera fait, de donner, à l'entrée de l'aquéduc de Frenicoupe, la largeur et profondeur convenable.

4°. Que les rigoles de sortie des aquéducs de Malviéz et Saint-Pierre doivent être approfondies de trois pieds auprès de chacun d'eux,

9

en finissant à rien à quatre cents toises de distance; qu'on conservera à leur base la largeur de neuf pieds, et qu'on ménagera une banquette d'une toise de largeur.

5°. Qu'il sera construit une cale, en maçonnerie, à l'embouchure du ruisseau de Lasmouiller dans le canal, de lui donner douze pieds de largeur, entre les basjoyers, et d'en tenir le couronnement à onze pouces plus haut que celui du réversoir de Quarante.

6°. Que MM. les propriétaires du canal peuvent construire un nouvel épanchoir vis-à-vis un vieux chemin qui est à cent quatre-vingt-sept toises au-dessus de l'aquéduc de Nostreseigné, à la charge par eux d'ouvrir, à leurs frais, une rigole de vidange qui sera entretenue ensuite à moitié frais, conformément aux conventions.

7°. Qu'il sera ouvert un contre-canal, dans toute l'étendue de la communauté de Capestang, qui reçoit des filtrations du canal, pour porter ces filtrations dans les rigoles de sortie des aquéducs voisins; que MM. les propriétaires du canal achèvent de payer les terres prises pour la rigole du réservoir de Piétat; enfin, qu'il soit loisible aux habitants de Capestang de construire des abreuvoirs conformes aux règlements, partout où ils sont nécessaires.

8°. Qu'il sera sollicité, auprès du roi, un secours de 1000 liv., sur le fonds des indemnités, pour aider la communauté de Colombiers à payer les frais de recreusement des contre-canaux qui sont à sa charge.

9°. Que la demi-écluse de Saint-Pierre ayant été faite malgré les protestations du syndic du diocèse de Béziers, il sera fait une vérification pour constater les préjudices et les avantages résultants de la construction de cette demi-écluse; que le Roi sera supplié d'ordonner qu'à l'avenir on ne pourra plus, ni construire de nouvelles écluses, ni changer la hauteur de leurs éperons, ou celle de leurs entre-toises maîtresses, sans une vérification préalable, faite en présence du syndic du diocèse, et après que les États en auront délibéré.

(1768, 19 *décembre*.) Mgr l'archevêque de Toulouse a dit, et l'assemblée a délibéré.

1°. Qu'il y a lieu d'acquérir par la province, le canal de communication des mers, ses adjacences et appartenances, tel que le tout est actuellement possédé et joui par MM. de Caraman et de Bonrepos, au prix de 8,400,000 liv.

2°. Que les États approuvent en conséquence les conventions proposées et signées par les sieurs propriétaires ou leur procureur fondé,
et donnent pouvoir à MM. les députés à la cour, et au syndic-général,
de les rédiger à Paris en acte public, en prenant toutes les autres précautions qui seront jugées nécessaires pour la validité de l'acte, et la
sûreté de la province.

3°. De charger les sieurs députés et syndic-général de poursuivre
au conseil les arrêts et lettres-patentes sur ce nécessaires, et pour faire
décharger la province du paiement de tous droits qui pourraient
être prétendus à raison de cette acquisition, les États approuvant les
précautions qu'a déjà prises à ce sujet Mgr l'archevêque de Narbonne,
lequel sera prié de suivre les premières démarches qu'il a eu la bonté
de faire par l'envoi du courrier par lui dépêché.

4°. De suivre en tous points ce qui a été proposé par la commission sur les arrangements provisoires, pour l'administration, pendant
l'année prochaine, du canal.

Dans ces arrangements provisoires on laissait subsister la régie actuelle, qui a bien réussi auprès de MM. les propriétaires; on insti-
tuait, pour remplacer les États, lorsqu'ils ne sont pas assemblés, une
commission de tous ordres qui prendrait connaissance de toutes
choses sur le rapport du sieur Montferrier, syndic-général, d'après les
pièces remises par le directeur-général des ouvrages et le receveur-
général du canal, chacun en ce qui le concerne.

La délibération est suivie de la copie des conventions passées avec
MM. de Bonrepos et Caraman; le prix était 8,400,000 liv., dont
8,000,000 pour le canal tel qu'il était en 1730, et 400,000 liv., pour aug-
mentations, etc., faites depuis. Il y avait alors 3,600 liv. de pension via-
gère à d'anciens employés retirés, ou à des veuves ou enfants d'employés décédés au service du canal.

(1769, 14 *décembre, page* 88.) M. de Joubert, syndic-général, expose
avec humeur que l'insuccès de la demande faite pour l'exemption du
lobs et de l'amortissement de l'acquisition du canal de communication des mers, ne laisse aux États que la satisfaction de ne pas s'être
laissé éblouir pour ce projet jusqu'à l'acheter au prix d'un assujettis-
sement à des droits dont on a senti déjà toutes les conséquences.

(1769, 14 *décembre, page* 90.) Mgr l'archevêque de Toulouse dit, et
l'assemblée délibère, que les conventions faites avec MM. les propriétaires du canal, le 18 décembre 1768, demeureront nulles et sans ef-

fet; de quoi il est donné acte à MM. les propriétaires pour cette délibération, dont il leur sera délivré un extrait en forme.

Mgr l'évêque de Nîmes rend compte du procès-verbal de visite du canal; on dit d'abord la quantité, en gros, d'ouvrages faits; sur les réquisitions faites, le sieur Garipuy estime, la commission propose, et l'assemblée délibère:

1°. La reconstruction des ponts de Guillemery et de Saint-Sauveur, qui sont très-lézardés.

2°. La construction de deux abreuvoirs vis-à-vis Lespinet de Cambon.

3°. Le recreusement du contre-canal du nouvel aquéduc de Saint-Agne, pour qu'il soit continué sans interruption jusqu'à la cale de boyer même dans l'étendue de Lespinet de M. Fajolles.

4°. La prolongation du contre-canal de l'aquéduc de Madron.

5°. Le recreusement du nouveau contre-canal entre l'écluse et l'aquéduc d'Aiguesvives, pour arrêter les dépôts que les eaux pluviales entraînent des hauteurs voisines dans le canal; ce contre-canal ne devant être autre chose qu'un petit fossé sur le bord du chemin opposé au canal.

6°. Que les propriétaires du canal demandent mal à propos de rendre les propriétaires riverains garants des difficultés que pourraient causer à l'entretien des aquéducs et du canal le mauvais état de la rivière du Lers; parce que ces riverains n'ont contracté à ce sujet aucune obligation avec les propriétaires du canal.

7°. La construction d'une cale près l'écluse de Laval, et d'une autre près l'écluse de Portiragnes.

8°. La construction d'une porte de défense joignant l'ouvrage du Libron du côté de l'Hérault.

9°. L'ajournement de plusieurs autres demandes, telles que le rehaussement d'un pied de la porte de l'écluse de Fonfile, une cale au ruisseau d'Argeliers, etc., etc.

10°. Que MM. les propriétaires du canal n'ont aucun droit pour jouir des excédants ou pour inquiéter ceux qui entreprendraient de les cultiver, et qu'ils ne peuvent, dans ce cas, que les dénoncer à la province, à qui ce terrain appartient.

11°. Enfin, que le sieur Garipuy fera planter des bornes provisoires

M. Garipuy énonce *idem*, et les États délibèrent :

Des ponts;

Des abreuvoirs;

Un contre-canal;

Un autre;

Un autre;

Le rejet de la prétention de la compagnie de rendre responsables de l'entretien des aquéducs et du canal les riverains qui ne recreusent pas le Lers;

Des cales;

Une porte de défense au Libron;

La faculté à la compagnie de dénoncer les riverains qui usurperaient les excédants

Le bornage provisoire

du canal; et le mode pour arriver à celui définitif.

dans toute l'étendue du canal où il n'en a pas été encore mis, et de rapporter à la prochaine assemblée les difficultés qui se seront présentées, afin que, sur les décisions des États, tant sur ces difficultés que sur celles de 1768, on puisse clore, l'année d'après, la procédure de bornage sur ses procès-verbaux, pareils à ceux qui ont été déjà faits.

Les cartes du canal sont finies au nombre de cinq cent soixante treize.

(1769, 22 *décembre, de page* 220 *à page* 223.) Mgr l'évêque de Nîmes dit que le sieur Garipuy a achevé de lever, cette année, sur une échelle de trois lignes par toise, les cartes détaillées du canal, dans toute son étendue, de même que celle des rigoles; que ces cartes sont en tout au nombre de cinq cent soixante-treize, savoir : 1° trois cent quatre-vingt-dix-neuf pour le canal; 2° cent-huit pour la rigole de la plaine et la rivière de Sors, depuis le bassin de Naurouse jusqu'à Durfour; 3° trente-deux pour la rivière de Laudot, depuis la rigole de la plaine jusqu'au saut des Cammazes; 4° enfin quarante-quatre pour la rigole de la Montagne.

Qu'on a mesuré la capacité du réservoir de Saint-Ferréol, de neuf pieds à neuf pieds au-dessus du fond déterminé par le seuil de la porte d'enfer, en levant le plan de la surface de l'eau lorsqu'elle se fut élevée à neuf pieds; que le sieur Garipuy fit lever de même le plan du nouvel espace à la hauteur de dix-huit pieds, ainsi de suite; que la hauteur totale étant de quatre-vingt-dix-neuf pieds, il y a onze surfaces distantes entre elles de neuf pieds, ce qui donne pour capacité du réservoir, neuf cent trente-neuf mille cent toises cubes : que deux repères fixes en pierre de taille ont été placés sur le mur de face de la voûte supérieure; les quatrième, cinquième et sixième sur une pyramide de trente pieds de hauteur construite à cet effet; et les cinq derniers sur la partie du grand mur qui s'élève au-dessus du terrassement.

Les États délibèrent qu'elles seront déposées aux archives.

L'assemblée délibère que les originaux des cartes et plans, après avoir été cotés et parafés par M. le président des États, seront incessamment remis aux archives de la province, pour y être soigneusement conservés.

M. Garipuy énonce *idem* et les États délibèrent, des dispositions et précautions particulières à prendre relativement aux éperons des portes d'écluses;

(1770, 11 *décembre, de page* 45 *à page* 51.) Mgr l'évêque de Nîmes rend compte du procès-verbal de visite du canal par le sieur Garipuy; quantité, en gros, des ouvrages faits, soixante-treize toises de longueur de la rigole de la Montagne, reconstruites en maçonnerie par suite d'un accident du 5 janvier ; réflexion du sieur Garipuy ; distribuer les chutes d'écluse d'une manière plus régulière lorsque les retenues sont pleines ; avoir six pouces de hauteur d'eau sur les éperons des portes basses de l'écluse supérieure, et que la hauteur des eaux sur l'éperon de la porte de défense de l'écluse inférieure surpasse toujours six pieds d'une quantité proportionnée à la longueur de la retenue : le premier avantage étant de vider plus promptement les eaux avant les travaux, et de remplir les retenues en moins de temps pour rétablir la navigation ; le second, de proportionner la hauteur des eaux sur les éperons à celles qu'elles ont dans le reste du canal, afin que les barques ne soient pas exposées à heurter contre les éperons.

Ce qui est délibéré. Le sieur Garipuy estime encore ; la commission propose, et l'assemblée délibère :

L'achat d'un terrain pour plantations conservatrices du canal.

1°. De donner son acquiescement aux plantations proposées par MM. les propriétaires du canal, pour la sûreté de l'embouchure dans la Garonne, sauf à eux de convenir avec la ville de Toulouse de la propriété du terrain, ou de la faculté d'y faire les ouvrages et les plantations projetées.

Ces plantations seront exploitées sur l'avis de M. Garipuy.

Je remarque que les propriétaires proposent que les arbres en futaie qui croîtront sur le terrain, ne puissent être exploités que sur l'avis de l'ingénieur chargé par la province de la direction du canal.

La continuation du contre-canal Saint-Agne.

2°. Que, conformément aux délibérations déjà prises, le contre-canal du nouvel aquéduc de Saint-Agne sera continué.

Des défenses pour fumier.

3°. Qu'il est défendu de creuser des trous à fumier dans la communauté de Montgiscard, sur le bord d'un aquéduc destiné à recevoir les eaux de la hauteur pour les conduire à une cale construite plus bas, parce que ces trous font que les eaux entrent dans le canal sans passer par la cale, et y portent beaucoup de limon.

Déversoirs à l'aquéduc du Lers aux frais du canal.

4°. Qu'il est permis à MM. les propriétaires de construire un réversoir de chaque côté du puits de sortie de l'aquéduc du Lers, pour verser dans le lit de cette rivière les eaux que les inondations pareilles à celles du 6 avril dernier portent dans le canal.

Le renvoi.

5°. Renvoi à une autre époque.

Construction d'un déversoir et prolongement d'un autre.

6°. Qu'il est permis de même à ces messieurs, de prolonger de dix-huit toises le réversoir de Répudre, et d'en construire un de vingt toises de longueur sur l'épaulement droit de l'aquéduc de Poilhes, à la charge par eux de faire à leurs frais, à la rigole, le premier élargissement nécessaire, l'entretien devant être fait ensuite à moitié frais.

7°. Renvoi à une autre époque.

8°. Que MM. les propriétaires ne sont pas fondés à demander que les syndics du diocèse fassent donner un libre cours aux eaux qui empêchent de vérifier les aquéducs; — que les abreuvoirs du diocèse de Narbonne seront mis en bon état.

9°. Autre demande pour rehausser le bassin de Notre-Dame, près Béziers, renvoyée à une autre époque.

10°. Que l'ouverture de la branche du canal, vers la carrière Roucaute, ainsi que les conventions à ce sujet, de MM. les propriétaires du canal avec le marquis de Villeneuve, est approuvée, suivant l'extrait joint au procès-verbal, ledit canal ayant en tout huit toises de largeur. — Permission de jet sur les terres riveraines, pour premier recreusement et entretien ensuite; faculté de prendre de la pierre gratis, et le sieur Villeneuve a faculté de voiturer par barque, sans payer aucun droit, toutes les pierres nécessaires à ses édifices, ainsi que le bois de Roucaute, et de jouir à perpétuité des eaux du canal, pour l'arrosage de son parc seulement, tant par une première prise d'eau qui est à l'épaulement méridional de l'écluse d'Arièges, que par le reversoir construit au-dessus de l'écluse de Villeneuve; les propriétaires du canal ont consenti que M. Villeneuve fasse pratiquer une conduite de six pouces de diamètre pour l'arrosage de sa prairie de Malvinéde, et que l'ouverture de cette conduite soit à deux pieds

au-dessus de la surface ordinaire de la retenue. Ces conventions sont approuvées suivant les mesures de prise d'eau rapportées dans le procès-verbal du sieur Garipuy; mais s'il survient quelques changements nécessaires, tant à la hauteur du canal que dans celle des terres riveraines, la hauteur et prise d'eau pourra être changée relativement aux susdits rehaussements, sur l'avis de celui qui sera chargé par la province, de la direction du canal.

11°. Que la rigole de sortie de l'aquéduc d'Arièges dans l'ancien lit de la rivière d'Orb, sera entretenue à moitié frais par la ville de Béziers, et les communes de Sauvain et de Villeneuve, etc.

(1770, 20 *décembre, de page* 151 *à page* 135.) L'aquéduc flottant du Libron fut fait et établi en 1766.

(1770, 31 *décembre, de page 231 à page 237.*) Mgr l'évêque de Nîmes dit qu'on n'a pu achever de placer toutes les bornes limites du
canal; que le sieur Garipuy a présenté à la commission les copies
qu'il a fait faire pendant l'année de la carte du canal, à trois lignes
par toise, en 573 feuilles, sur lesquelles on a marqué, dans le plus
grand détail, tous les ouvrages et les bâtiments qui dépendent du canal et de ses rigoles, ainsi que le nom de tous les propriétaires riverains, et l'étendue de leurs possessions, etc., etc., etc.;—que le sieur
Besaucelle, procureur fondé de MM. les propriétaires du canal, offre
en leur nom, de se désister de la préférence que la province avait bien
voulu leur donner pour l'acquisition des excédants, à condition qu'il
lui plaira assujettir les riverains à recevoir sur leurs possessions les
terres de recreusement, dans les parties où leur dépôt exhausserait
trop les francs-bords, sous l'offre d'indemnité aux riverains, s'il leur
est causé quelque dommage pour mauvaise qualité de dépôts, ou
parce que les déblais seraient portés dans des vignes ou sur des
champs en récolte.

L'assemblée délibère, 1° d'ajourner l'acceptation du désistement
offert par M. Besaucelle, jusqu'à ce que les particuliers riverains du
canal et les syndics des diocèses aient été entendus pendant le cours
de l'opération du bornage, sur la proposition de les assujettir à recevoir dans leurs possessions les terres des recreusements, et qu'on
ait rendu compte aux États, pour être alors délibéré par eux avec
plus de connaissance de cause, ce qu'il appartiendra.

2°. Que dans tous les endroits où il est nécessaire qu'il y ait des
chemins sur les bords du canal, ils seront établis de préférence sur
les excédants; et qu'à leur défaut, ils seront placés en tout ou en partie sur les francs-bords du canal.

3°. Qu'il sera fait un état de toutes les terres excédantes qui resteront, après en avoir retranché l'emplacement des chemins, afin que
sur cet état, rapporté aux États prochains, ils puissent statuer ce qui
conviendra à cet égard.

4°. Que la procédure de bornage sera continuée l'année prochaine de la même manière qu'elle a été faite en 1768, depuis l'étang de
Thau jusqu'à Béziers.

5°. Dès que cette procédure sera faite, et qu'on aura marqué sur
le double exemplaire des cartes à trois lignes par toise l'emplacement

de toutes les bornes, les originaux de ces cartes seront déposés aux archives de la province.

6°. Enfin, que les sommes payées pour les frais de la levée des cartes et du bornage, pendant l'année 1770, seront allouées.

(1771, 5 *janvier*, p. 299.) Le sieur de Saget est chargé de faire le projet des ouvrages, pour établir la communication entre la partie supérieure de la Garonne et le bassin au-dessous du pont de Toulouse, qui doit servir de port dans un temps où le mauvais état des chaussées du moulin du château, occasione à ce moulin une chôme qui rendront les ouvrages moins dispendieux.

(*page* 308.) Les États accordent au sieur Garipuy une gratification de 4,000 liv.

(1771, 12 *novembre, de page* 82 *à page* 88.) L'évêque de Nîmes rend compte de la vérification faite par le sieur Garipuy pour donner l'état actuel du canal, les travaux faits pour son entretien et amélioration, les diverses réquisitions qui lui ont été faites, tant par les propriétaires du canal que par les riverains. — Les quantités de maçonnerie, de pierre de taille, de murs à pierre sèche ou caladats, de déblais de terre, de cubes de roc, de gazonnage, de clayonnage, de bois, paires de portes d'écluse, rejointoiement, herbes arrachées. entretien des pales, contre-canaux et rigoles à la charge du canal. —

Toutes les maçonneries sont entretenues en état de neuf, les chemins engravés dans les endroits où le terrain est gras ou bourbeux, la profondeur du canal devient plus grande et plus uniforme tous les ans. — M. Garipuy fait observer que les propriétaires, quoiqu'ils y soient tenus par les anciens règlements, ont négligé de donner avis aux syndics des diocèses riverains de l'abaissement qu'ils ont donné aux éperons des portes basses de l'écluse de Treboul et de l'Aiguille; qu'ils n'ont donné sur ce dernier éperon que quatre pieds dix pouces de profondeur au lieu de six pieds, conformément à ce qui fut réglé lors de la construction du canal, et qui fut aussi réglé l'année dernière par l'assemblée, suivant les réflexions du sieur Garipuy; il propose de délibérer qu'à l'avenir il ne pourra être fait aucun changement aux éperons des portes d'écluse et à tous autres ouvrages destinés à régler les hauteurs des eaux du canal, qu'après en avoir communiqué les projets au directeur du canal nommé par les États, et aux syndics des diocèses riverains; que le rapport en sera fait à l'assemblée de l'assiette et à celle des États, pour être approuvé, s'il y a lieu ; et que lorsqu'il aura été agréé, il sera dressé procès-verbal de la manière dont il sera exécuté.

Garipuy dit que la principale réquisition faite cette année, a pour objet les ouvrages faits à la rivière d'Orb, pour faciliter le passage des barques, contre lesquels les consuls de Béziers réclamèrent, par un acte du 8 février 1770 ; que le sieur Clausade répondit à cet acte au nom des propriétaires du canal, que la jetée qu'on substitue au clayonnage étant dans la direction des eaux, ne saurait causer le rehaussement de leur lit, comme l'expose la communauté de Béziers ; qu'au contraire, et qu'ainsi elle ne peut être que très-avantageuse au moulin de Bagnols.

Que le sieur Garipuy avait fait lever, par le sieur Bonnavial, une carte sur laquelle on a tracé les anciens ouvrages, les nouveaux et ceux qu'on projette ; qu'il a vérifié l'exactitude de cette carte en présence de toutes les parties, ainsi que du syndic du diocèse de Béziers ; que toutes les parties conviennent du rehaussement du lit de la rivière d'Orb ; que le changement qu'on a fait, en transportant la navigation de la droite à la gauche, est évidemment contraire.

Le sieur Garipuy fait observer que le choix du meilleur parti à prendre aujourd'hui demande une étude réfléchie des lieux, et une longue discussion ; qu'il doit aussi être proposé à MM. les propriétaires du canal, qui y ont le plus grand intérêt ; que la décision de cette affaire doit être renvoyée aux États prochains, auxquels le sieur Garipuy pourra rapporter un projet concerté avec MM. les propriétaires ; et que jusqu'à ce qu'il ait été approuvé par les États, les travaux de la rivière d'Orb, qui ne sont pas d'une nécessité absolue, doivent être suspendus.

Le sieur Garipuy dit que MM. les propriétaires se plaignent de ce que, pour la construction du pont sur le canal au chemin de Narbonne à Saint-Pons (sénéchaussée de Carcassonne), on a fait un changement dans la direction du canal sans leur participation ; ils demandent que les parements extérieurs soient faits en pierre de taille, et non en moellon, et qu'on y pratique des rainures pour y faire, dans la suite, des bâtardeaux, en cas de nécessité. — Le sieur Garipuy dit que rien n'empêche l'exécution en pierre de taille ; et quant aux rainures, MM. les propriétaires doivent en faire les frais.

Le sieur Garipuy ajoute que, depuis son passage sur les lieux, la communauté de Poilhes a pris une délibération, pour demander que MM. les propriétaires du canal fassent, à la rigole de sortie de l'aquéduc de Poilhes, l'élargissement nécessaire, pour qu'elle puisse contenir les eaux que doit y verser le reversoir qu'on vient de construire auprès dudit aquéduc; d'indemniser les riverains des terres que l'on prendra pour cet élargissement; de construire un pont à l'endroit où cette rigole coupe le chemin de Capestang à Poilhes.

Que la rigole de l'aquéduc de Poilhes sera élargie.

Il estime juste la demande d'élargissement et d'indemnité; que le pont doit être construit par la communauté et le diocèse, suivant les règlements faits à ce sujet; et qu'à l'avenir, la rigole de sortie doit être entretenue, à frais communs, par la communauté et MM. les propriétaires, conformément aux conventions faites avec eux.

La commission propose aux États d'approuver, par leur délibération, tout ce qui a été proposé par le sieur Garipuy; ce qui a été délibéré.

L'évêque de Nîmes dit ensuite que les frais exposés cette année par le sieur Garipuy et par les personnes employées sous lui, tant pour les cartes que pour le bornage, y compris la valeur et la pose de ces bornes, montent, suivant les états rapportés à la commission, savoir : pour le bornage, à la somme de 10.794 liv., 12 s.; et pour les cartes, à celle de 850 liv. 15 s.; total, 11,645 liv. 6 s., qui ont été payées par les ordres de Mgr l'archevêque de Narbonne, et doivent être allouées dans le compte du sieur trésorier de la bourse.

L'assemblée délibère que la procédure du bornage sera continuée l'année prochaine par les sieurs de La Fage et Garipuy.

Les États délibèrent, par rapport au bornage du canal.

(1772, 28 novembre, de page 127 à page 145.) Mgr l'évêque de Nîmes a dit que le procès-verbal de visite du canal rapporte la suite du bornage, ainsi que les diverses réquisitions qui ont été faites et qui sont relatives, soit au bornage, soit à l'entretien du canal et des rigoles.

La faculté de creuser au-delà du fief les fossés nécessaires à la conservation du souterrain de Malpas;

Parmi les réquisitions pour le bornage, on remarque, 1° l'autorisation donnée aux propriétaires de creuser au-delà de leur fief, sur le penchant de la montagne d'Ensérune ou du Malpas, comme par le passé, les fossés nécessaires pour détourner du canal les eaux sauvages qui descendent de cette montagne.

La faculté de travailler sur le bord de la rivière d'Aude, entre Argens et Pechlaurier;

2°. Que depuis l'aquéduc d'Argens jusqu'à l'écluse de Pechlaurier, il est de l'intérêt public que MM. les propriétaires du canal puissent faire les ouvrages nécessaires à sa conservation, sur le bord de la rivière d'Aude.

La faculté d'acheter de gré à gré, ou par experts, des terrains attaqués par l'Aude, et longeant le canal ;

3°. Qu'il convient que les possesseurs des terrains ci-après, et qui sont aussi dégradés par la rivière d'Aude, en fassent la vente à MM. les propriétaires du canal, suivant l'estimation qui en sera faite, au cas où les parties ne conviendraient pas du prix de gré à gré; ces terrains existent depuis l'épanchoir de Marseillette jusqu'à l'extrémité des rochers du même nom, et depuis le château de Saint-Julia jusqu'à l'épi construit sur la rivière d'Aude, vis-à-vis la cale de la baisse.

De travailler sur le bord de l'Aude, entre les écluses l'Évêque et Villedubert ;

4°. Qu'il convient aussi d'autoriser MM. les propriétaires du canal, sauf à indemniser les possesseurs des fonds, s'il y a lieu, à continuer de faire sur les bords de la rivière d'Aude, entre l'écluse de l'Évêque et celle de Villedubert, les ouvrages nécessaires à la conservation du canal, sans que ceux à qui ledit terrain appartient puissent s'y opposer ni détruire les travaux et les plantations qui auront été faits.

De jeter les terres de recreusement sur les propriétés riveraines, sauf indemnité dans certains cas;

5°. Il est encore délibéré que les propriétaires des fonds riverains seront tenus de recevoir les déblais provenant du recreusement du canal, sauf à être indemnisés des dommages qui pourraient leur être causés, s'il y a lieu, relativement aux offres et conditions faites en 1768, par le syndic du diocèse de Béziers. Ces offres portent que les déblais seront aplanis de manière à ne pas gêner la culture, et qu'on paiera en outre une indemnité, dans le cas où ces déblais seraient de mauvaise qualité, telle que le gravier ou le rocher; ou bien dans le cas que ces dépôts fussent portés sur une vigne, une prairie, ou d'autre terre en récolte.

La vente des excédants aux enchères;

6°. Que toutes les terres excédantes qui restent après le retranchement qui en a été fait, seront vendues aux enchères, en la forme ordinaire.

L'abandon de deux toises et de petits jardins, dans ces excédants, auprès du logement des employés;

7°. Que la demande formée par MM. les propriétaires, pour la petite partie de terrain occupée par le jardin de leurs employés, et par les deux toises qui bordent leurs bâtiments du côté opposé au canal, ne saurait leur être refusée dans tous les endroits où les excédants n'ont pas une largeur suffisante.

Le bornage de la rigole de la plaine, etc., aux frais de la compagnie;

8°. Qu'il n'y a pas lieu à procéder, conjointement au bornage des rigoles de la plaine et de la montagne, et de celles d'Orbiel et Cesse; que c'est à M. le comte de Caraman à faire lui-même ce bornage, ainsi qu'il l'avisera, sans préjudice toutefois des droits des riverains; mais qu'on poursuivra, dans le cours de l'année prochaine, un arrêt du conseil, pour autoriser le bornage du canal, qui est déjà fait et agréé par toutes les parties.

9°. Que le nombre des chemins établis sur les francs-bords, en tout ou en partie, et qui ont été reconnus nécessaires, soit pour le service public, soit pour l'exploitation des terres, se porte jusqu'à cent six, depuis la rivière d'Orb jusqu'à celle de Garonne.

Que MM. les propriétaires du canal ne peuvent pas être tenus à l'entretien des chemins établis sur leur franc-bord, et dont ils ne font aucun usage; mais aussi, qu'ils ne peuvent pas contraindre les communautés ou les particuliers qui ont le droit de s'en servir, de les graveler, etc. pourvu qu'en y passant ils ne causent point des éboulis dans le canal ou dans les rigoles qui le bordent.

Et quant aux chemins qui servent au tirage des barques et aux communautés riveraines, et qui se trouvent situés dans des terres grasses et bourbeuses, les communautés riveraines ne peuvent être tenues à les entretenir conjointement avec MM. les propriétaires, qu'autant que ces derniers leur donneront la largeur prescrite par le règlement, à chacun suivant son espèce.

Enfin l'assemblée approuve et autorise tout ce qui a été fait par les sieurs La Fage et Garipuy pour l'objet du bornage, et arrête qu'un des originaux de chacun des procès-verbaux, par eux dressé, sera déposé au greffe des États avec les originaux des cartes sur lesquelles ont été marquées toutes les bornes, après que lesdites cartes auront été signées par le sieur Garipuy, et parafées par Mgr l'archevêque de Narbonne.

(1772, 28 *novembre*.) Suite: Mgr l'évêque de Nîmes a ensuite rendu compte des réquisitions relatives à l'entretien des rigoles, etc.

Sur ces réquisitions, les sieurs La Fage et Garipuy estiment, la commission propose, et l'assemblée délibère, 1° qu'il sera ouvert deux contre-canaux au nord du canal, depuis le Malpas jusqu'à deux cents toises au-dessous de l'aqueduc de Colombiers, afin d'intercepter les transpirations du canal, qui perdent les récoltes des terres inférieures; que cet ouvrage sera fait à moitié frais par le diocèse de Béziers et les propriétaires du canal.

(78)

2°. Même objet, à peu près, dans le diocèse de Narbonne, communauté d'Argeliers.

3°. Que l'on consent à ce que MM. les propriétaires fassent construire des cales à l'embouchure de la rivière d'Argiliers, et à celles de chacun des fossés voisins, pourvu toutefois que le couronnement de ces cales soit de niveau avec la surface ordinaire des eaux du canal, et que la largeur de chacune d'elles soit au moins double de celle des ruisseaux qui y répondent.

4°. Qu'en se conformant à l'esprit des conventions, les nouvelles rigoles de fuite à faire pour écouler les eaux des contre-canaux destinés à arrêter les dommages des propriétés riveraines par la filtration du canal, doivent être faites à frais communs, puisque MM. les propriétaires du canal contribuent pour la moitié aux rigoles de sortie des aqueducs, toutes les fois qu'ils y versent des eaux de quelqu'un de leurs épanchoirs.

5°. Que le sieur Gourg, propriétaire de la métairie de Trapel, a exposé, tant pour lui que pour le propriétaire de la Mejane, que lors de la construction de l'aqueduc de Trapel, on détourna le lit de ce ruisseau sur environ quatre cents toises de longueur parallèle au canal, afin d'emmener les eaux dans le même aqueduc auquel on a conduit aussi celles d'un autre ruisseau qui vient du levant; qu'en prolongeant ainsi le cours du ruisseau de Trapel on en a diminué la pente, ce qui est cause qu'il inonde les possessions riveraines, dépendantes des domaines de Trapel et de la Mejane; que ces eaux épanchées suivant leur ancienne direction menacent de faire des brèches au franc-bord; que le seul moyen de prévenir les pertes des récoltes et les dommages dont le canal est menacé, est de construire un aqueduc sur l'ancien ruisseau de Trapel, à la place où est situé l'épanchoir de ce nom; à quoi MM. les propriétaires, après avoir demandé de leur chef le nouvel aqueduc requis par le sieur Gourg, ont ajouté que si cette construction souffre quelque difficulté, ils s'en remettaient aux commissaires sur le choix des moyens propres à prévenir ou à diminuer le mal.

Que le sieur Garipuy ayant reconnu que la chute des eaux dans le puits d'entrée de l'aqueduc de Trapel pouvait être diminuée, ce qui augmenterait la pente des rigoles d'entrée; observant d'ailleurs que la construction du nouvel aqueduc est d'une dépense trop considérable relativement aux terres qu'il s'agit de conserver, a été d'avis de baisser le radier du puits d'entrée, autant que le niveau de pente de la rigole de sortie pourra le permettre ; de recreuser aussi la rigole d'entrée du couchant, non-seulement dans la partie parallèle au canal, mais encore au-delà ; de fortifier les levées qui la bordent du côté droit dans les endroits où elles sont trop faibles, sauf, dans le cas où ce moyen ne serait pas suffisant, à aviser sur ce qu'il conviendra de faire.

6°. Que la rigole de fuite de l'aqueduc de Tréboul étant la principale cause de l'engorgement des arches de cet aqueduc, il est indispensable de recreuser auparavant cette rigole jusqu'à son débouché dans la rivière de Fresquel.

7°. Que lorsque le système des cales fut déterminé en 1740, on crut qu'il convenait d'élever au-dessus du mur solidement bâti, un second mur construit en pierre sèche, pour arrêter le limon en laissant le passage aux eaux ; mais que l'expérience ayant fait connaître combien ces murs en pierre sèche sont préjudiciables, les parties intéressées ont consenti à l'enlèvement des murs à pierre sèche.

8°. Et enfin, qu'il doit être loisible à MM. les propriétaires du canal d'écrêter les francs-bords trop élevés, et de porter les déblais dans les champs voisins, aux conditions énoncées ci-dessus pour le recreusement du canal ; et que de même les riverains pourront prendre ces terres pour bénéficier leurs possessions, à la charge toutefois d'en avoir obtenu l'agrément de MM. les propriétaires du canal ou de leur directeur, qui fixeront pour chaque cas particulier le temps auquel cet enlèvement pourra être fait, et la hauteur qu'il faut laisser au franc-bord au-dessus des eaux de la retenue.

La délibération dont nous venons de rendre compte mentionne dix-huit réquisitions concernant les rigoles, et autant environ concernant le bornage. L'assemblée s'est rapportée aux avis énoncés dans les procès-verbaux très-détaillés des sieurs de La Fage et Garipuy.

(1772, 5 *décembre, p.* 178.) Les États délibèrent qu'ils n'ont point entendu, par leur délibération du mois dernier sur le bornage des rigoles aux frais des propriétaires du canal seulement, donner atteinte à aucun des titres qui concernent le fief et la propriété du canal, celle des rigoles et leurs six toises de bord de chaque côté, et nommément de la rigole de dérivation depuis la montagne Noire jusqu'aux pierres de Naurouse ; mais qu'ils ont pensé que le bornage du canal ne s'étant fait qu'à raison des contestations élevées entre MM. les propriétaires et les riverains, et ne s'en étant élevé aucune au sujet des bords des rigoles, il n'y avait pas lieu de s'en occuper, jusqu'à ce que l'intérêt des riverains y déterminât la province, comme il l'a déterminée au bornage du canal.

Ils demandent au Roi la communication du projet Sarrat, pour rendre navigable la rigole de la plaine.

Les États délibèrent aussi, relativement à la demande d'une compagnie, sous le nom de Jacques Sarrat, tendante à rendre navigable la rigole de la plaine, qu'ils se bornent à supplier Sa Majesté de vouloir bien ordonner que ce projet soit communiqué aux États, pour, d'après l'examen qui en sera fait, être pris par eux telle délibération que pourra exiger la conciliation du bien public et de la navigation du canal avec les intérêts des riverains et ceux des particuliers chargés de l'entreprise du nouveau canal.

Ils fixent la cote part pour demie du canal aux frais du bornage fait.

(1772, 14 *décembre, p.* 250.) Les États délibèrent que MM. les propriétaires du canal paieront la somme de 16,479 liv. 6 d. pour la moitié, les concernant des frais faits pour le bornage du canal, en 1770, 1771 et 1772, lequel s'élève en totalité à 32,958 liv. 1 s.

M. Garipuy énonce *idem.*

(1773, 20 *novembre, de page* 96 *à page* 107.) Mgr l'évêque de Nîmes a rendu compte du procès-verbal de visite du canal, par le sieur Garipuy; il énonce, en gros, la quantité d'ouvrages faits; elle n'a pas été aussi considérable encore qu'on le désirait, parce que la récolte en grains ayant été fort désastreuse dans le Bas-Languedoc et dans la Provence, MM. les propriétaires du canal ont été invités à rétablir la navigation le plus tôt possible, pour faciliter le transport des grains. Le sieur Garipuy estime, la commission propose, et l'assemblée délibère sur les réquisitions.

La compagnie a été invitée de rétablir la navigation le plus promptement possible.
Les États délibèrent:

1°. Que MM. les propriétaires du canal supportent, en entier, les frais de la construction du nouveau contre-canal, au-dessus du pont de Guillemery, dans toute l'étendue où son emplacement sera changé, et que le recreusement du surplus ainsi que l'entretien du tout à l'avenir, sera fait à moitié frais, à l'avenir, par eux et par la ville de Toulouse.

Le changement d'emplacement d'un contre-canal aux frais de la compagnie;

2°. Que MM. les propriétaires sont autorisés à multiplier les épanchoirs dans la rigole de la plaine, pour tâcher d'éviter désormais les ravages que les fortes pluies du mois de décembre causèrent à cette rigole; le sieur Garipuy est chargé d'en déterminer les emplacements et la forme pour ne point nuire aux possessions riveraines.

La détermination par Garipuy de l'emplacement et de la forme d'épanchoirs à construire sur la rigole;

Un prolongement du déversoir Mesuran;

3°. Qu'il est aussi permis à MM. les propriétaires de prolonger de huit toises le reversoir de Mesuran.

Un renvoi;

4°. Que le pont à deux arches, construit sur le puits de sortie de l'aquéduc de Rebenty, ayant été renversé par l'inondation du mois de décembre dernier, et étant plus utile encore à la commune d'Alzonne qu'au canal, cette commune doit en supporter la moitié de la dépense, MM. les propriétaires offrant d'y contribuer pour l'autre moitié; que cependant il ne sera rien statué encore à ce sujet.

La construction d'un reversoir près d'Argent-Double, et la démolition de l'ancienne chaussée sur cette rivière, vu l'inondation du canal par cette rivière;

5°. Que les mêmes orages ayant fait grossir la rivière d'Argent-Double, au point qu'elle entre dans la retenue de Jouarres par plusieurs brèches, dont deux voisines de l'auberge de la Redorte, et sort par une autre brèche faite au franc-bord opposé, MM. les propriétaires du canal sont autorisés à construire le reversoir demandé par M. Clausade, directeur, et à démolir la portion de l'ancienne chaussée d'Argent-Double, contiguë à l'aquéduc du côté de l'avenue des eaux, à concurrence de ce qui est nécessaire pour faciliter leur passage, sauf dans le cas où l'expérience ferait voir l'insuffisance de ces premiers moyens, à aviser à la construction de l'aquéduc ou de tout autre ouvrage qui pourrait être plus utile.

L'augmentation de débouché de la rigole de Jouarres;

6°. Que les eaux répandues dans la plaine d'Azille, au mois de décembre dernier, entreront dans le canal par deux anciennes ouvertures faites au franc-bord, et par-dessus le couronnement de l'aquéduc de Jouarres, et qu'il faut donner à la rigole de sortie de l'aquéduc de Jouarres toute la profondeur que la pente des lieux peut permettre.

La détermination par M. Garipuy de tout ce qui est relatif à un nouvel épanchoir dans la retenue d'Homps;

7°. Que MM. les propriétaires sont autorisés à faire construire, dans la retenue d'Homps, un épanchoir et un reversoir pour vider les eaux sauvages qu'elle reçoit; et que le sieur Garipuy est chargé de déterminer l'emplacement, le lieu et la forme de cet ouvrage, pour qu'il ne porte point de préjudice aux riverains.

Le renvoi d'une affaire relative à la question d'alignements pour maison;

8°. Qu'il ne sera rien statué encore sur une maison qui, malgré les représentations du sieur Clausade, a un de ses angles sur les francs-bords.

Le renvoi du projet de Fresquel, les ingénieurs du diocèse et du canal ayant été trop occupés pour y travailler de concert;

9°. Qu'il ne sera encore rien statué sur le passage de la rivière de Fresquel à travers le canal, parce que l'inspecteur du diocèse de Carcassonne, chargé par le syndic de ce diocèse de faire, conjointement avec le sieur Cazals, directeur du canal dans ce département, les opérations nécessaires pour choisir entre les deux moyens proposés par le sieur Garipuy; les occupations de ces deux ingénieurs ont été trop multipliées pour s'occuper de cet objet.

10°. Qu'il n'y a rien à statuer aujourd'hui sur la contestation existante entre les propriétaires du canal et ceux du moulin de Bagnols sur la rivière d'Orb, soit parce que les parties sont à la veille de terminer à l'amiable leurs différents, soit parce que les opérations demandées l'année dernière ne sont pas finies. Du reste, il résulte des expériences faites devant les parties intéressées, que lorsque les eaux sont hautes les moulins sont arrêtés par le regonfle des eaux, cinq quarts d'heure après le commencement de la manœuvre; et qu'il faut à peu près le même temps pour que les roues reprennent toute leur première vitesse après qu'on a rouvert les épanchoirs, en sorte qu'on peut compter que les moulins chôment alors pendant un temps égal à la durée du relèvement.

Ce rapport se termine en disant que le nouvel aquéduc de l'Aiguille est exécuté par les ordres de MM. les propriétaires du canal, au moyen des arrangements qu'ils ont pris avec les ayant-cause de M. de Berriac, propriétaire de l'étang de Marseillette.

(1773, 25 *novembre*, *p.* 158.) L'assemblée délibère d'adresser, à MM. les propriétaires du canal et aux syndics du diocèse de Narbonne, l'arrêt du conseil, qui autorise la procédure du bornage du canal, pour que chacun, en droit soi, ait à s'y conformer, et en assure l'exécution.

(1774, 13 *décembre*, *de page* 63 *à page* 76.) Même préliminaire pour le contenu du rapport et les quantités de travaux; on parle de plus du fer, des essences de bois; que, le chômage restant de même durée, on a fait plus de travaux de recreusement que l'année précédente, par suite des mesures prises par MM. les propriétaires, ce qui a facilité le transport des grains, dès que la moisson a été faite, dans le Haut-Languedoc. — Il résulte, du rapport du sieur Garipuy, que la plus grande partie des réquisitions faites par MM. les propriétaires

du canal, a pour objet la facilité de la navigation; que, sur la première, il estime qu'il ne peut y avoir aucun inconvénient à permettre aux propriétaires du canal de prolonger les ouvrages de leur embouchure dans la Garonne, jusqu'au-delà de la barre qui en marque l'entrée, afin de se rapprocher du courant de la rivière. — Que plainte du canal contre le moulin du Basacle;

quant à la plainte portée contre les propriétaires du moulin du Basacle, ceux-ci n'ont pas été entendus, et qu'il convient de délibérer qu'il sera fait, dans le cours de l'année prochaine, une vérification en présence de toutes les parties, pour entendre leurs dires respectifs, afin d'y être statué aux États prochains, s'ils ne peuvent point demeurer d'accord. — Que quant au contre-canal qui fut ordonné l'année

Le renouvellement d'ordres au syndic de Toulouse pour un contre-canal à demi-frais avec le canal;

dernière, au-dessous du pont de Guillemery, et dont divers riverains réclament l'exécution, le syndic de la ville de Toulouse ayant refusé d'y contribuer, il convient de délibérer qu'on ordonne de plus fort l'exécution de la délibération prise l'année dernière pour l'entretien à frais communs par la ville de Toulouse et par les propriétaires du

La vérification d'un pont à la charge de la province;

canal. — Que le sieur Pin, directeur-général du canal, demande qu'il soit pris des précautions pour la solidité du pont de Baziège à la charge de la province; qu'il n'y a rien à craindre pour le moment, et qu'il suffit de charger le directeur des travaux dans le département de Toulouse, d'en vérifier l'état, pour être ensuite, sur son rapport, statué ce qu'il conviendra de faire, etc. Que les États ayant permis l'année dernière à MM. les propriétaires de construire dans

La construction d'un des déversoirs déjà autorisés sur la rigole, à l'emplacement désigné par M. Pin, ingénieur en chef de la compagnie;

la rigole de la plaine, au terroir de la Ginelle, divers épanchoirs pour prévenir des brèches pareilles à celles qui survinrent en 1772, le sieur Pin a proposé, cette année, de construire le premier reversoir à l'endroit où la rigole est traversée par le ruisseau qui descend de Montmaur; que le sieur Garipuy estime cet emplacement convenable, à la charge, par les propriétaires du canal, de faire à la partie du ruisseau inférieure à la rigole les recreusements et les élargissements qui peuvent être nécessaires, comme aussi de pourvoir à l'avenir à son entretien par égale portion avec les riverains ou avec le diocèse de Saint-Papoul, qui seront appelés lorsqu'on fera le piquetement de ce deversoir.

Une vérification par M. Garipuy des réclamations faites par les riverains du Laudot contre le canal;

Qu'une autre réquisition, faite par divers propriétaires, supplie les États d'ordonner le recreusement du ruisseau de Laudot, et d'accorder une indemnité pour les pertes qu'ils ne cessent d'essuyer depuis vingt-cinq ou trente ans, et qui se portent annuellement à 8 ou 900 l., et qui sont causées par les manœuvrages que font les propriétaires du canal au bassin de Saint-Ferréol pour en prévenir l'atterrissement. Le sieur Garipuy estime qu'il convient d'ordonner une nouvelle vérification des lieux par le directeur de la province, et que cette opération étant rapportée aux États, l'année prochaine, il pourrait être alors statué par eux sur la construction de l'ouvrage et sur les indemnités réclamées par les riverains du ruisseau de l'Ensioure. Une autre réquisition est faite par le syndic du diocèse de Saint-Papoul au sujet de l'aquéduc de Rebenty et de ses rigoles, parce que le défaut de pente du contre-canal occasione la submersion des propriétés riveraines. Il dit que lors du bornage, il fut statué que le canal ferait baisser le radier depuis l'entrée de cet aquéduc, et que le diocèse de Carcassonne ferait creuser et élargir sa rigole de sortie; que depuis, il a été fait un nivellement par les inspecteurs des deux diocèses et par le directeur du canal, etc. Que malgré ses instances, il n'a pu encore parvenir ni au rabaissement du puits d'entrée de l'aquéduc qui concerne le canal, ni au recreusement de la rigole de sortie qui regarde le diocèse de Carcassonne. — Que M. Pin a représenté qu'en donnant une ligne et demie de pente par toise à la rigole, elle peut être recreusée de trois pieds auprès de l'aquéduc, et qu'à cette condition, il offre de baisser le radier, conformément au procès-verbal de bornage; sur quoi M. Garipuy estime que la profondeur de la rigole de fuite doit être augmentée de deux pieds auprès de l'aquéduc, que le radier du puits d'entrée doit être baissé, que les anciens repères seront replacés et refaits d'après le niveau de pente de la nouvelle base du contre-canal et de la rigole de fuite. — Que le sieur Pin demande, qu'au lieu de faire un élargissement de huit toises au reversoir de Mesuran, ainsi que les États y avaient consenti l'année dernière, à la réquisition de MM. les propriétaires, il leur soit permis de construire un second déversoir, immédiatement au-dessus du pont de Villepinte; le sieur Garipuy estime que l'exécution du nouveau déversoir proposé par le sieur Pin, paraît avoir les avantages qu'on s'en promet; que la rigole de fuite de ce déversoir doit être faite aux frais du canal, et entretenue par lui dans la suite; que ces propriétaires paieront la valeur du terrain pris pour l'élargissement; enfin, qu'avant de mettre la main à l'œuvre, le syndic du diocèse de Saint-Papoul sera appelé pour convenir de l'emplacement et des dimensions du nouveau déversoir.

Que le syndic du diocèse de Narbonne se plaint des deux nouveaux déversoirs qui ont été faits cette année, dans la communauté de la Redorte, par MM. les propriétaires du canal, sans qu'il ait été appelé, le premier sur le puits de l'aquéduc, et le second sur celui d'Argent-Double; il craint que la chute des eaux nuise à l'écoulement de celles

du ruisseau qui passe par-dessus : d'ailleurs, dit-il, il serait nécessaire d'emprunter la capacité des rigoles de fuite, pour qu'elles pussent contenir les eaux nouvelles que le canal y versera. — Que le sieur
de la Redorte renouvelle de son côté la demande d'un second aquéduc, supplétoire à celui d'Argent-Double, qui a trop peu de capacité.
Sur quoi le sieur Pin a observé que les États ne jugeront pas à propos
de rien statuer sur la demande d'un nouvel aquéduc, jusqu'à ce que
l'expérience ait fait connaître l'insuffisance de l'écoulement que pro-
curait le nouveau déversoir et la démolition de la digue; que depuis
la dernière visite faite sur les lieux avec le sieur Garipuy, il n'avait
fait exécuter que les deux abaissements, auxquels le sieur Garipuy
avait donné son approbation, du couronnement des puits de fond
de ces deux aquéducs. Sieur Garipuy estime qu'il convient d'autoriser ces abaissements ainsi que celui du radier de l'aquéduc de Lers,
dans le diocèse de Toulouse, faits cette année; que la rigole de fuite
de l'aquéduc de Treboul doit être agrandie aux frais du canal, et
puis entretenue, à moitié frais, avec le diocèse de Narbonne; que la
construction du nouvel aquéduc demandé par sieur de la Redorte
ne pouvait être faite que dans deux ans; et que sa dépense serait d'environ 24,000 francs.

Que le syndic du diocèse de Narbonne et sieur Pin se plaignent
que ce qui a été déterminé par le procès-verbal de bornage ne soit
pas exécuté. — Sieur Garipuy propose de faire faire, pendant l'hiver,
des extraits séparés de ce qui concerne chaque diocèse, et de les envoyer à leurs syndics, afin qu'ils puissent faire exécuter ce qui est à
leur charge, et veiller à ce que MM. les propriétaires du canal remplissent aussi leurs obligations.

Que le syndic du diocèse de Narbonne expose qu'il n'y a qu'un
cri général contre la trop grande hauteur des ouvrages établis dans
la rivière d'Orb, tant le lit de la rivière se comble tous les ans; que
l'on pourrait naviguer avec des ouvrages moins élevés; qu'il prie le
sieur Garipuy d'examiner les lieux, et offre de s'en rapporter à ce
qu'il jugerait devoir être fait pour concilier l'intérêt de la navigation
avec celui des riverains; que le sieur Pin a répondu que MM. les propriétaires étaient déjà dans l'intention de baisser leurs ouvrages, et
que si après cet abaissement il reste encore quelque inquiétude, ils
offraient de s'en rapporter à la décision du sieur Garipuy; sur quoi
celui-ci estime qu'il étudiera les effets de l'abaissement et en rendra

compte tous les ans, pour que les États puissent ordonner, en connaissance de cause, les ouvrages les plus utiles aux riverains et à la navigation.

Que la onzième réquisition faite par le sieur Pin, a pour objet la construction de deux déversoirs, tous les deux dans la grande retenue, l'un vis-à-vis le ruisseau d'Argiliers, et l'autre au contour des Toutous. — Le sieur Garipuy estime que, comme il peut y avoir quelques difficultés sur le choix de leur emplacement, on diffère de délibérer, jusqu'à ce que le syndic du diocèse de Narbonne, après avoir pris connaissance du local, et après avoir consulté les conseils des communautés riveraines, ait donné son consentement à leur exécution; ou bien, en cas de discord, jusqu'à ce que les États puissent y délibérer l'année prochaine, d'après le rapport qui leur en sera fait.

L'ajournement d'une demande de deux déversoirs par l'ingénieur en chef du canal;

Que sur la douzième réquisition faite par le sieur Pin, sieur Garipuy estime que le diocèse de Toulouse étant aussi persuadé que MM. les propriétaires du canal de la nécessité du recreusement de la rivière du Lers, et aussi empressé d'y faire travailler, ainsi qu'au recreusement des rigoles qui s'y dégorgent, et que puisque les difficultés qui arrêtaient cet ouvrage sont levées, il n'y a rien à délibérer à cet égard; que pour ce qui concerne les abreuvoirs du canal, dont une partie n'a pas été encore mise en état de neuf, les syndics des diocèses doivent être chargés de les mettre en règle dans le courant de l'année, afin qu'ils puissent être donnés à l'entretien, pour prévenir toutes sortes de dommages et de plaintes à ce sujet.

Le recreusement de la rivière du Lers, auquel le diocèse travaille déjà;

La confection des abreuvoirs par les diocèses.

Enfin le sieur Garipuy rapporte que l'aqueduc de l'Aiguille a été achevé cette année, qu'on n'a rien négligé pour la solidité de l'ouvrage, que sa capacité est huit fois plus grande que celle de l'ancien.

MM. les commissaires proposent aux États d'ordonner l'exécution de tous les articles du rapport du sieur Garipuy, et de différer la construction du nouvel aqueduc de la Redorte, jusqu'après expériences et observations de l'état actuel.

Quant à la vérification du ruisseau de Laudot, elle sera faite par le sieur Garipuy, comme ayant une connaissance plus particulière des faits relatifs à cette opération, ce qui a été aussi délibéré.

(1774, 28 *décembre, p.*148.) Il est dit que le pont du Somail, sur le canal au chemin de Saint-Pons, ayant été achevé, le sieur Garipuy en rapporte la réception, suivant laquelle cet ouvrage, commencé en 1771, se porte à la somme de 35,372 liv.

Les États délibèrent :

Que M. Garipuy est chargé de vérifier le projet présenté d'un nouveau réservoir à Lampy, pour le canal de Narbonne ;

(1775, 3 *janvier, de page* 269 *à page* 271.) Les États délibèrent que le sieur Garipuy est chargé, 1° de vérifier et examiner les plans que MM. les propriétaires ont fait lever, et le devis qu'ils ont fait dresser du nouveau réservoir de Lampy, qu'ils offrent de faire construire au-dessus de celui de Saint-Ferréol, afin de s'assurer s'il est praticable et s'il rassemblera une quantité d'eau suffisante pour fournir à la navigation du canal de jonction vers la robine de Narbonne, et d'en évaluer la dépense.

Idem le projet de dérivation de l'Aude ;

2°. D'évaluer aussi celle des ouvrages déterminés par le sieur Cendrier, pour introduire les eaux de la rivière d'Aude dans le grand canal, ou pour prévenir les désordres que leur rehaussement pourrait causer.

5°. Enfin d'évaluer encore la dépense de tous les ouvrages du canal de jonction, pour, sur le rapport du sieur Garipuy, être délibéré par la ville de Narbonne, et ensuite par les États, ce qui sera jugé le plus convenable.

Que les eaux de Vias ne doivent se rendre qu'à un seul point du canal ;

(1775, 3 *janvier, de page* 278 *à page* 282.) On rappelle que, suivant les conventions, toutes les eaux du vallon de Vias doivent se rendre à celles du Libron au-dessus du canal, pour n'y entrer que par un seul endroit.

Que le bornage des rigoles sera fait comme celui du canal.

(1775, 7 *janvier, de page* 355 *à page* 356.) L'assemblée délibère d'après la demande de MM. les propriétaires du canal, que le bornage des rigoles sera exécuté d'après les mêmes principes, et de la même manière dont il en a été usé pour le bornage du canal, et qu'il sera planté cette année, en conséquence, des bornes provisoires à cet effet, pour, sur le compte qui sera rendu à la prochaine assemblée des États de cette opération préalable, être par elle statué ce qu'il appartiendra.

L'assemblée délibère aussi, *page* 410, que les ouvrages du canal de Saint-Pierre, près Toulouse, seront achevés dans le cours de cette année.

M. Garipuy rend compte *idem*.

(1776, 6 *février, de page* 50 *à page* 65.) Mgr l'évêque de Nîmes rend compte du procès-verbal de visite du canal par le sieur Gari-

Le chômage n'a duré que quarante jours.

puy; il dit, en gros, la quantité d'ouvrage fait; que la navigation n'a, malgré des travaux plus considérables, demeuré suspendue que quarante jours, tandis que cette suspension était auparavant de deux mois.

M. Garipuy propose, et les États délibèrent :
La faculté au canal de se défendre contre les eaux du biez du Basacle;

Quant aux réquisitions faites, le sieur Garipuy estime, la commission propose, et l'assemblée délibère, 1° qu'il est permis à MM. les propriétaires du canal de faire à leurs frais, dans la partie inférieure du biez du moulin du Basacle, les ouvrages nécessaires pour en défendre et pour en dresser les bords; comme aussi de construire un

Un reversoir et un fossé aux frais du canal vis-à-vis à peu près le canal Saint-Pierre;

reversoir immédiatement au-dessus de la dernière écluse, pour vider les eaux surabondantes que le canal de Saint-Pierre pourrait fournir, à la charge toutefois d'ouvrir une rigole pour en porter les eaux dans le lit de la Garonne.

La vérification du pont de Bazièges;

2°. Que le sieur de Saget sera instruit de la réquisition du sieur Pin, directeur-général du canal, au sujet d'une lézarde faite au pont de Bazièges.

Une largeur provisoire de trois toises aux ponts sur la rigole de la plaine;

3°. Qu'en attendant l'avis demandé au syndic du diocèse de Saint-Papoul, les ponts qui seront construits à l'avenir sur la rigole de la plaine auront trois toises d'ouverture.

L'approbation des ponts Saint-Félix et Foudret;

4°. Que le pont plat construit sur le ruisseau de Saint-Félix, qui traverse ladite rigole, est approuvé, et que MM. les propriétaires peuvent en construire un semblable sur le ruisseau de Fondret.

L'ouverture de deux nouveaux contre-canaux;

5°. Que ces propriétaires et le diocèse de Saint-Papoul sont autorisés à ouvrir deux contre-canaux : le premier, de trois mille toises de longueur, depuis l'écluse de Saint-Roch jusqu'au contour de Cassieu, déterminé par le procès-verbal en 1740, et cependant abandonné depuis, malgré l'existence des cales, pour en recevoir les eaux; le second, de cinq cents toises de longueur, depuis la cale de ramier jusqu'à l'écluse du Vivier.

Un déversoir dans la retenue de Bram, sauf accord avec Saint-Papoul;

6°. Qu'un nouveau déversoir du côté du nord, demandé par le sieur Pin, pour vider les eaux pluviales que reçoit la retenue de Bram, est autorisé, sauf accord avec MM. les commissaires du diocèse de Saint-Papoul.

Le rappel au diocèse de Carcassonne de divers objets;

7°. Que le syndic du diocèse de Carcassonne est invité à faire exécuter la délibération prise l'année dernière par les États, au sujet du ruisseau de Rebenty; à proposer ses motifs contre le rétablissement du reversoir de Villesèque, à faire mettre en règle les abreuvoirs construits sur le canal, et à pourvoir à leur entretien.

Un projet concerté pour le Fresquel entre l'ingénieur du diocèse et celui du canal;

8°. Qu'il sera procédé incessamment par l'inspecteur du diocèse de Carcassonne, et par le directeur du canal, aux ouvrages qu'ils convinrent de faire pour prévenir les dommages causés par les débordements de la rivière de Fresquel, à la navigation et aux possessions riveraines.

Un nouvel épanchoir près l'écluse Saint-Martin, avec sa rigole de fuite;

9°. Que MM. les propriétaires sont autorisés à construire un épanchoir près de l'écluse de Saint-Martin, sauf à eux de faire ouvrir une rigole de fuite à l'endroit qui sera convenu, et de payer aux riverains l'indemnité qui devra leur revenir.

Le recreusement de la rigole de l'aquéduc Saint-Martin, négligé trop long-temps;
Un nouveau déversoir avec sa rigole;

10°. Que la rigole de fuite de l'aquéduc de Saint-Martin sera recreusée, ayant été négligée trop long-temps.

11°. Que MM. les propriétaires du canal sont autorisés à construire un nouveau déversoir vis-à-vis l'embouchure du ruisseau mayre qui descend de la métairie Pelletier, à la charge par eux d'ouvrir une rigole de décharge vers celle de fuite de l'aquéduc de l'Aiguille.

Le changement d'une partie de la rivière Quarante;
La mise en état des abreuvoirs;
L'entretien des voûtes renversées de Serièges et Robiolas aux frais des riverains intéressés;

12°. Qu'ils sont aussi autorisés à changer à leurs frais le lit de la rivière de Quarante, sur environ soixante toises de longueur, au-dessus de l'aquéduc; que le syndic de Narbonne devra faire mettre en état les abreuvoirs du diocèse, ainsi que les voûtes renversées des aquéducs de Serièges et de Roubiolas, qui servent de passage aux bestiaux.

La vérification des aquéducs et ponts susceptibles d'un plus grand débouché;

13°. Qu'il sera fait une vérification des aquéducs dont les élargissements pourraient être nécessaires, en distinguant ceux où le défaut de largeur cause le plus de préjudice, et en énonçant, pour chacun, quel serait l'objet de la dépense; qu'on vérifiera aussi les ponts dont l'élargissement et le rehaussement pourrait être nécessaire, à quoi se porteraient les réparations et les reconstructions qui devraient être faites; qu'en attendant on se conformera à la forme des ouvrages de ce genre qui a été reconnue la plus commode, tant pour le passage

La communication des projets de pont à M. Garipuy.

des barques au-dessous que pour celui des voitures par-dessus; et qu'à cet effet, les plans en seront communiqués, avant leur exécution, à l'ingénieur chargé par les États de l'inspection du canal.

(1776, 10 *décembre, de page* 63 *à page* 71.) (Ici commence l'impression des procès-verbaux des États.)

Mgr l'évêque de Montpellier rend compte du procès-verbal de visite du canal, par le sieur Garipuy ; il énonce en gros la quantité d'ouvrages faits ; il dit : que quoique la plus grande partie de ces travaux ait seulement pour objet l'entretien du canal, il en est d'autres cependant destinés à lui donner un nouveau degré de perfection, savoir : des recreusements portés à une plus grande profondeur que l'ancienne base du canal ; divers élargissements faits dans les rochers de Renneville et de Roubia ; la construction de quelques nouvelles cales et de leurs contre-canaux, pour prévenir les ensablements du canal ; la construction de quelques ponts de bois sur la rigole de la plaine, pour faire passer par-dessus les eaux des ruisseaux qui la traversent ; une nouvelle manière d'arrêter les filtrations des parties élevées des francs-bords, au moyen d'un corroi de terre et de chaux ; l'épanchoir à siphon, du sieur Garipuy fils, qui sert d'abord de déversoir et puis d'épanchoir à fond, dès que les eaux du canal s'élèvent à deux pieds au-dessus de leur niveau ordinaire ; enfin, une barque proportionnée qu'on substitue au radeau du Libron, afin de la manœuvrer avec plus de facilité.

Quant aux réquisitions faites, le sieur Garipuy estime, la commission propose, et l'assemblée délibère, 1° qu'elle accepte l'offre de MM. les propriétaires du canal appelé de Garonne et ses francs-bords, semblables autant que possible à ceux du canal de Saint-Pierre ; de planter sur ce franc-bord des arbres de même qualité ; de laisser en promenade tout le terrain qui bordera cette retenue appelée de Garonne, sans pouvoir la mettre en culture et en retirer aucune utilité, à condition toutefois que la province achetera le terrain qui pourra être nécessaire, au-delà des francs-bords actuels, et consentira qu'il soit compris dans le fief du canal.

2°. Que les syndics des diocèses feront réparer dans le cours de l'année prochaine diverses dégradations des ponts construits sur le canal, qui ont été désignés par le sieur Pin.

3°. Que MM. les propriétaires du canal sont autorisés à abaisser, suivant leur vœu et celui des communautés riveraines, les radiers de quelques aquéducs ; le recreusement des canaux à la suite devant être fait à frais communs.

4°. Que MM. les propriétaires sont autorisés, d'après leur deman-de, à construire à leurs frais, dans la grande retenue, six épanchoirs, ainsi que leurs rigoles de fuite ; que l'ingénieur de la province, avec les syndics des diocèses intéressés, marquera le lieu et la forme de ces épanchoirs, pour être exécutés dans le délai proposé de six ans.

5°. Que le diocèse de Carcassonne doit faire donner à la rigole de fuite de l'aqueduc de Rebenty, dont le radier du puits d'entrée a été rabaissé par les propriétaires du canal, toute la profondeur possible en faisant couper les arbres qui sont sur les talus.

6°. Que le directeur du canal et l'inspecteur du diocèse de Carcassonne feront, dans le cours de l'année prochaine, l'estimation détaillée des deux projets présentés pour la rivière de Fresquel; qu'ils en donneront connaissance au sieur Garipuy, au fur et à mesure du travail; et que faute par eux de faire ce travail dans le temps convenable, le sieur Garipuy est autorisé à faire faire les opérations et les plans nécessaires pour que le tout puisse être présenté aux États prochains.

7°. Qu'avant de rien statuer sur la demande d'un second aqueduc sur la rivière d'Argent-Double, formée par M. de La Redorte et appuyée par le directeur du canal, il convient de dresser les plans et le toisé estimatif de l'aqueduc dont il s'agit, et de s'informer avec MM. les propriétaires du canal, de la somme pour laquelle ils voudraient se charger de son exécution.

(1776, 23 *décembre, page* 191.) L'ouverture de la navigation du canal de Saint-Pierre a été faite le 14 avril 1776.

(1777, 15 *décembre, de page* 113 *à page* 119.) Mgr l'évêque de Montpellier a rendu compte du procès-verbal de visite du canal faite par le sieur Garipuy. — Il énonce, en gros, la quantité d'ouvrages faits; il dit que le bornage a fait cesser toutes les plaintes entre les riverains et MM. les propriétaires.

Quant aux réquisitions, etc., elles sont en petit nombre; et à leur sujet, le sieur Garipuy estime, la commission propose, et l'assemblée délibère, 1° que le diocèse de Carcassonne ayant déjà mis en bon état la partie inférieure de la rigole de l'aqueduc de Rebenty, cette partie restera à la charge du diocèse de Saint-Papoul, jusqu'à ce que ce diocèse ait fait le recreusement de la partie supérieure.

2°. Qu'avant de statuer sur les deux projets ci-dessus relatifs, dont les opérations ont été faites conjointement par l'ingénieur du canal et celui du diocèse, il convient de savoir la somme que MM. les propriétaires veulent donner pour y contribuer, etc., à quels termes et quelles conditions.

3°. Que les opérations demandées pour le projet d'un second aquéduc sur la rivière d'Argent-Double n'étant pas faites, il suffit de renouveler la délibération qui fut prise en 1776, en y ajoutant que, faute par les agents des sieurs propriétaires du canal de concourir avec le sieur Garipuy à l'exécution de ladite délibération, le sieur Garipuy fera seul le projet, le devis et l'estimation de l'aquéduc, pour, sur son rapport, être statué par les États sur l'exécution de l'ouvrage.

4°. Que MM. les propriétaires seront prévenus qu'on a cultivé auprès du pont d'Argens, dans le diocèse de Narbonne, une partie de franc-bord destinée à servir de chemin.

(1777, 16 *décembre, de p.* 163 *à* 165.) L'assemblée délibère que le sieur Garipuy est chargé de vérifier, dans le cours de l'année, tout ce qui est relatif, tant à la construction du nouveau canal demandé par la ville de Carcassonne, qu'à celle de l'aquéduc de Fresquel.

(1777, 18 *décembre, p.* 190.) On lit que le canal de Saint-Pierre a coûté en totalité 572,056 liv. — L'assemblée délibère une somme de 4,000 liv. pour fournir à l'entretien annuel de ce canal et au paiement des gardes. — Il est dit qu'à l'époque de l'ouverture de la navigation dudit canal, il fut établi un garde-écluse, et que MM. les commissaires en ont nommé un, cette année, portant une bandoulière aux armes de la province, pour veiller, tant à la conservation du canal, que pour empêcher l'enlèvement des matériaux provenant de la démolition. Que les gages de ce garde ont été fixés à 25 s. par jour, et indépendamment de son habillement dont la province est chargée.

(1778, 12 *novembre*.) Mgr l'évêque de Montpellier rend compte du procès-verbal de visite du canal par le sieur Garipuy, etc., etc.

L'assemblée délibère, 1° que les plans, etc., du canal, demandés par la ville de Carcassonne, seront communiqués à MM. les propriétaires du canal.

2°. Que le syndic de ce diocèse est autorisé à faire démolir les moulins situés sur la rivière de Fresquel.

3°. De rembourser au sieur Dufour 284 liv. avancées par lui pour les frais de la carte et du nivellement, et de lui accorder en gratification une somme de 500 liv.

4°. Que MM. les propriétaires du canal pourront faire faire à l'en-

M. Garipuy, en présence d'un syndic, d'un nouvel épanchoir à fond près St.-Martin;

droit qui sera déterminé par le sieur Garipuy, en présence du syndic du diocèse, un épanchoir à fond auprès de l'écluse Saint-Martin, pour vider les eaux surabondantes.

L'offre de 27,000 liv. à la compagnie pour construire l'aquéduc de la Redorte;

La réparation du chemin de tir, sur les bords de l'Hérault, aux frais d'Agde.

5°. D'offrir auxdits sieurs propriétaires une somme de 27,000 liv. pour la construction de l'aquéduc de la Redorte.

Enfin, d'exhorter le diocèse d'Agde à faire réparer et fortifier le chemin du tirage auprès de l'Hérault, vu son utilité et l'avantage que ce diocèse retire de la navigation de cette rivière et du canal, et attendu que MM. les propriétaires du canal ne perçoivent aucun droit pour le trajet que font les barques dans la rivière d'Hérault, et qui est de quatre cent soixante-quinze toises de longueur entre les deux embouchures mesurées sur les bords.

La compagnie a commencé les travaux du réservoir de Lampy, pour lesquels elle doit recevoir 160,000 liv.

(1778, 18 *décembre, p.* 129.) Il est dit, qu'en exécution des conventions passées avec MM. les propriétaires du canal, ils sont obligés de construire un nouveau réservoir à Lampy, moyennant la somme de 160,000 liv., payable en trois années; que le dernier terme échoit cette année, et que le sieur Garipuy a reconnu qu'il y a de très-grands approvisionnements faits pour la construction de ce réservoir.

Détails sur des dépenses d'entretien du canal Saint-Pierre.

(1778, 21 *novembre, p.* 189.) Il est dit qu'il a été payé au canal de Saint-Pierre, pour son entretien, 375 liv. au garde à bandoulière établi pour sa sûreté; 450 liv. au garde-écluse; 263 liv. pour l'entretien des arbres de ses avenues, suivant le bail passé à raison de 0,50 par arbre, pour chaque année.

M. Garipuy énonce idem.

(1779, 11 *décembre, de page* 95 *à page* 111.) Mgr l'évêque de Montpellier rend compte du procès-verbal de visite du canal, faite par le sieur Garipuy. — Il énonce, en gros, la quantité d'ouvrages faits, soit pour le canal, soit pour le réservoir de Lampy; que l'année dernière la vérification ayant été faite après le rétablissement de la navigation, on n'avait mis dans chaque retenue que la quantité d'eau nécessaire à la navigation, parce qu'on craignait de manquer d'eau

Orages et inondations pendant le chômage.

jusqu'à la saison des pluies; que cette année, au contraire, les environs de l'équinoxe d'automne ayant été très-pluvieux, les crues des torrents qui traversent le canal, arrivées au commencement de septembre, ont interrompu pendant quelques jours l'exécution des recreusements.

Effets du siphon.

Que dans cette occasion, et pour la première fois, l'épanchoir à siphon construit à Ventenac, et qu'on demasqua, a rendu un grand service; que l'inondation de la rivière d'Orb, qui s'est élevée jusqu'à quinze pieds, a intercepté le passage des barques pendant douze jours; que MM. les propriétaires disent que la construction d'un pont-aquéduc est le plus sûr moyen qui puisse assurer ce passage en tout temps.

On propose de nouveau un pont-aquéduc sur l'Orb.

Quant aux réquisitions, il est dit, entre beaucoup d'autres choses, que le canal s'est chargé des abreuvoirs de tous les diocèses pour l'entretien; que le diocèse d'Agde a fait travailler au chemin du tirage sur le bord de l'Hérault.

Le canal s'est chargé de l'entretien de tous les abreuvoirs.

L'assemblée délibère, 1° que le sieur Garipuy vérifiera la nécessité d'un nouvel aquéduc pour faire passer les eaux de Fresquel sous le canal, et surseoir, en attendant, à l'estimation comme à la destruction des moulins, et néanmoins supplier Sa Majesté de vouloir bien porter à une plus forte somme que celle de 4,000 liv. la grâce qui a été faite jusqu'à présent au diocèse de Carcassonne, pour l'aider à supporter les dépenses pour travaux contre les inondations de la rivière de Fresquel.

Les États délibèrent :

Une demande de nouveaux fonds au Roi pour faire des travaux contre la rivière de Fresquel;

3°. De charger le sieur de La Fage, syndic-général, de faire procéder provisoirement au bornage des rigoles de la Plaine et de la Montagne, conformément à la délibération des États, du 7 janvier 1775.

De procéder au bornage des rigoles;

3°. Que, par l'inspecteur du diocèse et le directeur du canal dans chaque département, il sera procédé, pendant l'année prochaine, au récollement général des bornes placées sur le bord dudit canal, à l'effet de découvrir, replacer ou remettre celles qui seront dans ce cas, et que leurs opérations seront constatées par des procès-verbaux, qui seront rapportés à la prochaine assemblée des États.

Le récolement des bornes du canal par les ingénieurs du diocèse et du canal de concert;

4°. D'accepter l'offre de MM. les propriétaires du canal pour la construction de l'aquéduc de la Redorte, au moyen de la somme de 30,000 liv., qui sera imposée à cet effet.

30,000 liv. pour l'aqueduc de la Redorte, à exécuter par le canal suivant son offre;

5°. D'ordonner l'élargissement de l'abreuvoir qui sert aux propriétaires des métairies voisines de l'écluse, etc.

Un élargissement d'abreuvoir;

6°. De donner connaissance au syndic du diocèse de Narbonne, des deux réquisitions faites par le directeur du canal au Somail.

La communication au syndic de Narbonne de demandes du canal;

7°. Enfin, d'autoriser MM. les propriétaires à boucher les ouvertures faites au mur (d'aval vers la mer) de soutenement du canal, au

Des portes busquées au Libron

passage du Libron, en retirant les pales en bois, et de les exhorter à faire construire des portes busquées vers l'Hérault.

(1779, 21 *décembre, p.* 227.) Il est dit que, pour le service du canal de Saint-Pierre, il a été payé 900 liv. pour les gages du garde à bandoulière et du garde-écluse; 12 liv. pour les réparations du couvert de la maison du garde-écluse.

Les États délibèrent : Que le canal ne fera pas transporter ses vases dans la rivière d'Hérault.

(1780, 3 *janvier, p.* 465.) L'assemblée délibère que le sieur Garipuy, directeur, pour la province, du canal de communication des mers, avisera aux moyens les plus propres pour obliger MM. les propriétaires à ne pas étendre les droits pour le transport des vases du canal au-delà de ses francs-bords, et notamment dans le lit de la rivière d'Hérault.

M. Garipuy énonce idem.

(1780, 12 *décembre, de page* 53 *à page* 63.) Mgr l'évêque de Montpellier rend compte du procès-verbal de visite du canal par le sieur Garipuy; il énonce, en gros, la quantité d'ouvrages faits; il dit que le réservoir de Lampy sera entièrement achevé dans le cours de l'année prochaine, etc., etc. — On remarque dans le cours de ce rapport, que le défaut d'une copie du bornage du canal, a empêché les inspecteurs des travaux des diocèses riverains et les directeurs du canal, de procéder cette année au récolement des bornes qui limitent

La ville de Béziers renouvelle ses plaintes du rehaussement de la rivière d'Orb.

les francs-bords du canal; que la communauté de Béziers se plaint des progrès du rehaussement du lit de la rivière d'Orb, malgré les six épanchoirs à fond dont la chaussée du Pont-Rouge est percée; que tous les ouvrages faits dans le lit de cette rivière accélèrent son

Elle l'évalue à plus de huit pieds.

comblement sur la plus grande partie de sa largeur; que, depuis la faction du canal, le lit de la rivière s'est rehaussé sur le pont de plus de huit pieds; que ce comblement remplit et rend inutile la plus

L'ingénieur du canal a trouvé huit pouces de rehaussement dans trois ans.

grande partie du vide des arches; que le sieur Geoffroy, directeur du canal, interpellé sur les faits ci-dessus, a dit que, malgré ses soins, le fond de cette rivière s'est rehaussé d'environ huit pouces, comme il conste de la comparaison des sondes faites cette année avec celles qu'il fit il y a trois ans, époque de sa nomination dans le département de Béziers.

M. Garipuy dit que les plaintes de Béziers sont fondées.

Il rappelle l'idée du pont-aquéduc.

Le sieur Garipuy ajoute que les plaintes du diocèse et de la ville de Béziers sont fondées, de même que leurs alarmes pour l'avenir; qu'on a regardé depuis long-temps la construction d'un pont-aquéduc comme le seul ouvrage propre à les faire cesser; mais que la grandeur de la dépense a empêché de donner suite à cette idée, quoique l'on n'ait pas douté de l'avantage de son exécution.

Les États délibèrent : La vérification par M. Garipuy, et un projet sur le ruisseau de Tréboul ;

L'assemblée a délibéré, 1° qu'il sera procédé, par le sieur Garipuy, en présence du syndic du diocèse, au nivellement et autres opérations préliminaires pour constater les ouvrages à faire dans le diocèse de Saint-Papoul ; relativement au recreusement et redressement du ruisseau de Treboul, connaître l'objet de leur dépense, et aviser aux moyens d'y pourvoir.

La construction de trois nouveaux épanchoirs, mais avec leurs rigoles ;

2°. Que les États consentent à la construction demandée par le directeur du canal, de trois nouveaux épanchoirs à siphon, qui seront placés, le premier au déversoir de Marseillette, le second au déversoir d'Argent-Double, et le troisième au contour des Toutous dans la grande retenue, pourvu toutefois qu'on exécute en même temps, conformément aux conventions faites en 1739, les rigoles nécessaires pour l'écoulement des eaux de ces nouveaux épanchoirs.

Le prolongement des rigoles Delfieu et Roubia ;

3°. Qu'attendu l'acquiescement donné par le syndic du diocèse de Narbonne au prolongement de la rigole d'entrée de l'aquéduc Delfieu, et celui de la rigole de l'aquéduc de Roubia, les États consentent pareillement à ces deux ouvrages, dont les frais seront faits ainsi qu'il est porté par lesdites conventions de 1739.

La communication aux riverains intéressés de l'entretien, à leurs frais, de leur passage dans l'aquéduc de Serièges ;

4°. Qu'on fera connaître aux riverains intéressés, que s'ils désirent de conserver le passage dans l'aquéduc de Serièges, ils doivent être tenus d'entretenir en bon état la voûte renversée sur laquelle ce passage serait établi.

L'ajournement d'un aquéduc près Trezilles ;

5°. Qu'il n'y a rien à statuer maintenant concernant la construction d'un nouvel aquéduc près le pont de Trezilles.

L'envoi aux syndics des procès-verbaux de bornage ;

6°. Que des copies du procès-verbal de bornage général du canal seront remises, avant le mois de mars prochain, aux syndics des diocèses ; que de semblables copies seront remises par MM. les propriétaires du canal à leurs directeurs.

L'ajournement de l'affaire de Béziers au sujet de l'Orb.

7°. Que les circonstances actuelles mettant le plus grand obstacle à la dépense d'une aussi grande entreprise que celle d'un aquéduc sur la rivière d'Orb, afin de pourvoir aux inconvénients existants, il n'y a lieu de rien statuer sur les représentations de la ville et du diocèse de Béziers.

Enfin que le projet de faire servir d'avenue au chemin de Mèze le chemin de tirage sur le bord de l'Hérault, sera communiqué au diocèse d'Agde, pour être par lui avisé au parti qui lui paraîtra le plus convenable.

Les États délibèrent: Un fonds de 2000 liv. pour l'entretien du canal Saint-Pierre.

(1780, 14 *décembre, p.* 93.) On lit que, sur le canal de Saint-Pierre, il a été dépensé, entre autres choses, 4 liv. pour l'entrepreneur de l'entretien du couvert de la maison des gardes. — On délibère 2,000 liv. pour fournir à son entretien.

La ville de Béziers présente aux États un nouveau Mémoire sur la rivière d'Orb.

(1781, 2 *janvier, page* 289, etc.)—On lit un mémoire des consuls de Béziers, demandant qu'on détruise promptement tous les ouvrages qui contribuent au rehaussement de la rivière d'Orb, sauf à construire pour le passage des barques du canal un aquéduc, ou tel autre ouvrage capable de produire le même effet sans causer de dommage.

MM. les propriétaires en présentent un aussi.— Ils offrent de faire l'aquéduc sur la rivière d'Orb.

On lit aussi un second mémoire présenté et signé par le sieur Belrieu, au nom de MM. les propriétaires, lequel mémoire a deux objets : le premier, de faire connaître aux États la nécessité pressante de construire un pont-aquéduc sur la rivière d'Orb, pour maintenir la navigation du canal à travers la rivière; le second, d'indiquer les moyens de pourvoir à la dépense, surtout par l'effet d'un arrangement dont le projet est annexé au mémoire. On y dit qu'un accident imprévu pourrait suspendre tout à coup la navigation du canal, tant le comblement progressif de la rivière a forcé d'élever les ouvrages qu'il ne serait plus possible d'augmenter, et de la durée desquels on ne saurait répondre.

Qu'un pont-aquéduc est le seul moyen d'assurer la navigation du canal; que ce projet fut formé en même temps que ceux de tous les autres aquéducs; qu'on a eu l'idée d'adosser à ce pont celui qui remplacerait le pont actuel sur le chemin de Béziers à Narbonne; que

Moyen d'avoir les fonds sans nouvelle imposition.

pour faire cesser les plaintes respectives des négociants et des patrons, le moyen le plus propre est de faire exécuter à la lettre le tarif des droits du canal, fixés par l'arrêt du conseil du 26 septembre 1684, et qu'en conséquence le prix des voitures soit payé par les négociants dans les bureaux du canal, à raison de 6 deniers par quintal par lieue; et puis de faire tourner le quart de ce droit au profit des patrons, ce qui excédera la demande contenue dans leur plan.

Qu'il est vrai qu'il résultera de cette légère différence dans le droit du nolis, un petit bénéfice en faveur de MM. les propriétaires du canal, mais qu'ils offrent d'y joindre des sacrifices sur leurs revenus ordinaires; comme en faisant les avances de ce qui ne peut leur revenir que dans un très-grand nombre d'années, et de verser en conséquence dans la caisse des États, une somme de 2,000,000 payables en douze paiements, et en douze ans, à compter d'un an après l'exécution de l'arrangement qu'ils se proposent de faire en usant d'un droit qu'on ne saurait leur contester.

Ils évaluent la dépense à 2,000,000 liv., et disent que s'il y avait des fonds de reste les États en disposeront.

Que MM. les propriétaires ajoutent qu'ils n'entendent tirer de cet arrangement d'autre avantage que celui de la perfection du canal; qu'ainsi, si on découvrait quelque autre moyen plus simple et moins dispendieux que le pont-aquéduc, pour la libre traversée de la rivière d'Orb, ou que ce pont coûtât moins de deux millions (ce qu'ils ne croient pas), ils consentent que le surplus, ou même la totalité, si elle pouvait être inutile pour cet objet, fût employé, ainsi que les États le délibéreront, à quelque autre ouvrage d'amélioration sur le canal, dont le projet leur aura été communiqué.

Si 2,000,000 liv. ne suffisaient pas, ils proposent une augmentation de droit.

Que MM. les propriétaires observent que si les deux millions offerts par eux étaient insuffisants pour assurer la communication du canal et des routes par terre, à travers la rivière d'Orb, une augmentation des droits du canal, momentanée et infiniment légère, pourrait aisément fournir le surplus; et que si cette augmentation était agréée par les États, ils offrent d'en faire la perception sans frais, et d'en verser le produit dans la caisse de la province.

Les États délibèrent : Que l'offre des propriétaires du canal ne nuit pas aux intérêts du commerce;

L'assemblée a délibéré, 1° que les États ne regardant point l'arrangement projeté par MM. les propriétaires du canal sur l'exercice de leurs droits, comme contraire aux intérêts du commerce, n'entendent mettre aucun obstacle à son exécution.

Que les chambres de commerce seront consultées ;

2°. Que les chambres de commerce de la province seront consultées.

Que les 2,000,000 livres offerts sont acceptés;

3°. Que les États acceptent l'offre faite par MM. les propriétaires, de la remise de deux millions dans la caisse de la province, aux termes et conditions énoncés dans le mémoire présenté en leur nom, et dont l'original sera déposé aux archives de la province, pour être

Que MM. Garipuy père et fils feront le projet, etc., du pont-aquéduc.

ladite offre effectuée lorsqu'il en sera temps; et que cependant les sieurs Garipuy père et fils exécuteront toutes les opérations qu'ils jugeront propres à éclairer les États sur la détermination ultérieure qu'ils auront à prendre sur l'importante affaire qui est l'objet de la présente délibération.

La délibération se termine ici; mais l'on croit devoir copier aussi le paragraphe de l'extrait du mémoire des propriétaires du canal, qui précède celui ci-dessus qui commence par les mots suivants (*que les plaintes respectives des négociants et des patrons*); voici donc la copie de ce paragraphe.

Copie littérale du motif principal, etc., de l'offre faite ci-dessus.

MM. les propriétaires proposent un moyen pour accélérer l'exécution du pont-aquéduc sur la rivière d'Orb, en fournissant à la dépense sans aucune imposition sur les peuples; ils exposent pour motif de ce moyen, que les négociants et les patrons de barque se sont plaints les uns et les autres de la variation du droit de voiture; que d'un côté, la chambre de commerce de Toulouse prit, le 9 janvier 1780, une délibération portant que les patrons du canal exigent un droit de nolis excessif, qui, joint à la portion du droit payée dans les bureaux des propriétaires, fait revenir le prix entier de la voiture à un taux plus haut qu'elle n'a été fixée par le tarif légal du canal en 1684, dont ces négociants réclament l'exécution; que de leur côté, quatre-vingt-neuf patrons ont présenté un placet, portant que les négociants ne leur paient point habituellement le prix de nolis qu'ils ont droit de prétendre, et qu'ils demandent un prix fixe qui leur soit accordé sans variation.

2000 liv. pour l'entretien du canal Saint-Pierre.

(1781, 18 *décembre, p.* 160.) Les États délibèrent 2,000 liv. pour fournir aux ouvrages d'entretien au canal de Saint-Pierre.

59 liv. affectées par an à l'entretien de huit ponts.

(1781, 22 *décembre, p.* 227.) Ils délibèrent, pendant six années, l'imposition de 59 liv. pour l'entretien de huit ponts sur le canal royal.

(1781, 31 *décembre, de page* 544 *à page* 550.) M*r* l'archevêque de Toulouse fait un rapport descriptif du passage du canal dans la rivière d'Orb; il fait sentir la nécessité d'un pont-aquéduc sur cette rivière, auquel on adosserait le pont sur la route, par terre, de Béziers à Narbonne.

Les États délibèrent de nouveau la rédaction du projet d'un pont aquéduc sur l'Orb.

L'assemblée délibère de charger de nouveau les sieurs Garipuy d'achever, dans le cours de l'année, le projet du pont-aquéduc ou de tout autre ouvrage capable de le suppléer, pour, lorsque MM. les propriétaires du canal auront remis leur rectification aux offres qui furent faites en leur nom, l'année dernière, être délibéré par eux avec une entière connaissance de cause ce qu'il appartiendra.

M. Garipuy énonce *idem.*

(1782, *4 janvier, de page* 404 *à page* 411.) Mgr l'évêque de Montpellier a rendu compte du procès-verbal de visite faite du canal par le sieur Garipuy; il énonce, en gros, la quantité d'ouvrages faits, etc.

Le mur du réservoir de Lampy est fini.

Qu'on a achevé le grand mur de Lampy; qu'on se propose de laisser faire corps à la maçonnerie avant de la charger des eaux qui doivent remplir le bassin; qu'ainsi, on ne placera les pales qui doivent les y retenir, que dans le cours de l'année prochaine, etc., etc.

Les États délibèrent l'ajournement de l'exécution du pont-aquéduc de Fresquel;
Une demande de fonds considérables au Roi à ce sujet;

L'assemblée délibère, 1° de renvoyer à des temps plus heureux à prendre telle résolution qu'il appartiendra sur l'exécution de l'aquéduc de Fresquel et le rapprochement du canal, près Carcassonne; de solliciter de Sa Majesté, à ce sujet, un secours considérable sur la crue du sel.

L'achat et la destruction de trois autres moulins sur le Fresquel;

2°. Que le diocèse de Carcassonne continuera d'acheter et de faire détruire les trois autres moulins dont il a délibéré la démolition; et qu'il fera travailler au redressement des principales sinuosités de la rivière de Fresquel dans tout ce qui est au-dessus des alignements à faire pour la construction de l'aquéduc.

La communication au diocèse de Lavaur de la demande de Saint-Papoul;
La vérification du ruisseau Tréboul;

3°. Que la demande faite par le syndic du diocèse de Saint-Papoul, au sujet du recreusement du ruisseau de Laudot, etc., sera communiquée au syndic du diocèse de Lavaur pour y répondre, et que la vérification du ruisseau de Tréboul sera faite l'année prochaine.

La construction de deux autres épanchoirs à siphon;

4°. Que les États ayant déjà consenti à la construction de trois épanchoirs à siphon, dont il n'en a été fait qu'un cette année, il n'y a aucune difficulté pour la construction des deux autres.

Le récolement du bornage sous la direction de M. Garipuy;

Enfin, que le récolement du bornage du canal sera continué l'année prochaine, en se conformant exactement au premier bornage, et fait sur toute la longueur du canal sous la direction du sieur Garipuy; que chaque borne sera enveloppée d'un dez de maçonnerie

L'enveloppe de chaque borne par un dez de maçonnerie.

de moellon, et qu'il sera fait un fonds de 6,000 liv. pour le paiement à raison de la moitié, concernant la province.

M. Ducros fait son premier procès-verbal de vérification du canal Royal, etc.

(1782, 3 *décembre, de page* 74 *à page* 78.) Mgr l'évêque de Montpellier a dit que le sieur de Montferrier a rapporté, à la commission, la vérification faite par le sieur Ducros, du canal de communication des mers et de ses rigoles, depuis la Garonne jusqu'à l'étang de Thau.

Il énonce en détail les ouvrages faits en toute espèce.

Que le procès-verbal qu'il en a dressé, contient la hauteur des eaux sur les éperons des portes basses, et des portes de défense de toutes les écluses; leur hauteur, relativement aux entretoises maîtresses des portes de défense; le résultat des sondes faites à chaque retenue, et celui des recreusements ; les réparations de maçonneries, des fermetures des portes d'écluse; et les autres ouvrages de toute espèce qui ont été faits cette année audit canal, à ses bassins, et aux rigoles qui y portent les eaux.

Il fixe la hauteur de tous ouvrages du canal.

Qu'il fait connaître ensuite la hauteur des margelles des aquéducs sur les basses eaux des ruisseaux qui les traversent; ces repères fixes indiquant de la manière la plus certaine l'état des rigoles de fuite.

Que ledit procès-verbal contient aussi les réquisitions faites par les syndics des diocèses riverains, ou les agents de MM. les propriétaires du canal.

Mgr l'évêque énonce ensuite, en gros, les ouvrages faits en 1782; que les pales du réservoir de Lampy sont prêtes à être mises en place;

L'année a été stérile en eau.

qu'à raison de la grande sécheresse qui a eu lieu cette année, on a pris la précaution de conserver, pendant la chôme, une grande quantité d'eau dans diverses retenues, et que par ce moyen, on est parvenu à rétablir la navigation, le 30 septembre, quoique ces eaux en réserve aient nui à la célérité des ouvrages.

Les propriétaires font bien l'entretien, et encore :

Que MM. les propriétaires du canal, non-seulement entretiennent avec le plus grand soin tous les ouvrages qui en dépendent, mais qu'ils en ajoutent encore de nouveaux, pour former régulièrement

Ils élargissent les francs-bords; ils coupent les saillies; ils comblent les anses; ils élargissent et gravellent le chemin de halage.

les francs-bords et leurs talus, pour couper les saillies et combler les anses, élargir et graveler le chemin du tirage; et enfin, que leurs soins s'étendent sur tout ce qui peut rendre la navigation plus sûre, plus commode, et même plus agréable.

Les États délibèrent :

On expose ensuite diverses réquisitions faites, et l'assemblée délibère, 1° de charger le sieur Ducros de faire, dans le cours de l'année

De charger le sieur Ducros des projets de recreusements des ruisseaux Tréboul et Fresquel;

prochaine, en remplacement du sieur Garipuy, les nivellements, etc. relatifs aux recreusements des ruisseaux de Tréboul et de Fresquel, dans le diocèse de Saint-Papoul.

Que la demande du canal pour recreuser la rigole Delfieu sera communiquée au syndic du diocèse de Carcassonne;

2°. De communiquer, au syndic du diocèse de Carcassonne, la demande de MM. les propriétaires du canal, pour le recreusement de la rigole de fuite de l'aquéduc de Delfieu, à l'effet d'y être pourvu, conformément aux conventions de 1739.

La construction d'une cale;

3°. De consentir à la construction d'une cale auprès de l'écluse de Portiragnes.

4°. De faire, l'année prochaine, une nouvelle imposition de 4,000 l.
pour la construction de l'aquéduc de la Redorte.

Enfin, d'ordonner l'exécution de la précédente délibération à l'assemblée, au sujet du récolement des bornes, en déterminant que les
directeurs du canal concourront à cette nouvelle opération comme
ils l'ont fait pour la première.

(1782, 17 *décembre, p.* 309.) On lit que l'entretien des chemins,
servant de francs-bords au canal de Saint-Pierre, a coûté 746 liv. 10 s.,
à raison de divers surchargements de graviers.

L'assemblée délibère 2,000 liv. pour fournir aux ouvrages d'entretien de ce canal.

(1782, 28 *décembre, p.* 403.) On lit que le ministre des finances a
paru disposé à accorder le secours demandé pour le rapprochement
du canal de la ville de Carcassonne.

(1782, 28 *décembre, p.* 457.) On y voit la nomination du sieur Ducros, pour remplir la place de directeur des travaux publics, vacan-
te par la mort du sieur Garipuy; qu'à l'égard des appointements qu'il
convient de donner aux quatre directeurs actuels, on ne croit pas
qu'ils doivent être affectés sur divers ouvrages particuliers, comme si
l'année entière d'un inspecteur n'était pas consacrée sans distraction
au service de la province; qu'on pense que ce traitement doit être
fixé, pour chacun d'eux, à 3,000 liv., indépendamment de 3,000 liv.
qu'ils auront, chacun, des sénéchaussées, et 1,200 liv. pour dessina-
teurs ou port de lettres.

On propose une pension de 1,500 liv. pour chacune des dames de
Saget et Garipuy, et d'accorder à leur famille le paiement de ce qui
est dû à l'un et à l'autre des appointements qu'ils auraient dû tou-
cher dans le cours de l'année.

(1783, 22 *novembre, de page* 53 *à page* 61.) Mgr l'évêque de Montpellier rend compte du procès-verbal de visite du canal, par le sieur
Ducros; il énonce ensuite, en gros, la quantité d'ouvrages faits. Il dit
que le réservoir de Lampy a été rempli, avant l'hiver dernier, à la
hauteur de quarante-huit pieds; que le mur de soutenement a cinquante pieds de hauteur au-dessus du point le plus bas du bassin;
que MM. les propriétaires ont fait reconstruire cette année le mur de
tête d'aval des trois arches du pont-aquéduc d'Argent-Double, et la

tête d'amont d'une des arches du pont-aquéduc de Cesse; qu'ils se proposent de rétablir de même les têtes des deux autres arches. l'année prochaine et la suivante, etc., etc. L'assemblée délibère;

1°. De communiquer au syndic de la ville de Toulouse, la demande de MM. les propriétaires du canal, au sujet des abreuvoirs situés dans le gardiage de cette ville, pour qu'elle les fasse mettre en état le plus tôt possible.

2°. D'autoriser le diocèse de Saint-Papoul à faire dresser les devis et détails estimatifs du recreusement et de l'alignement du ruisseau de Tréboul et de la rivière de Fresquel, pour être rapportés aux États dans leur prochaine assemblée, à l'effet d'obtenir, s'il y a lieu, leur consentement à l'emprunt nécessaire pour l'exécution de cet ouvrage.

3°. De communiquer de nouveau au syndic du diocèse de Lavaur, la réquisition de celui du diocèse de Saint-Papoul, relativement au recreusement du ruisseau de Laudot, en déterminant qu'il remettra sa réponse au sieur Ducros, qui en donnera connaissance à MM. les propriétaires, et fera, s'il est nécessaire, la vérification des lieux, pour être ensuite statué sur le tout, par les États, ainsi qu'il appartiendra.

4°. De communiquer encore au syndic du diocèse de Mirepoix, la demande du syndic du diocèse de Saint-Papoul, au sujet du recreusement et entretien de la partie inférieure du ruisseau du Marais.

5°. De déclarer n'y avoir lieu d'ordonner l'élargissement de l'aqueduc de Delfieu.

6°. D'ordonner l'impression du procès-verbal contenant les demandes et réquisitions faites lors du bornage du canal, et les décisions des contestations; en déterminant de faire imprimer en outre séparément des extraits de ce procès-verbal, pour ce qui regarde chaque diocèse, à l'effet de pouvoir en remettre des exemplaires dans toutes les communautés intéressées.

7°. De renvoyer au diocèse de Narbonne à pourvoir à la démolition de l'ancien pont d'Argeliers, pendant la chôme prochaine du canal.

8°. De charger le sieur de Puymaurin, syndic-général, de faire achever le bornage provisoire des rigoles de la montagne et de la plaine, et de procéder à celui des rigoles de Cesse et d'Orbiel en la manière portée par les délibérations des États des 7 janvier 1775 et 11 décembre 1779, sauf à être ensuite statué ce qu'il appartiendra, pour les rendre définitifs après le compte qui sera rendu aux États de ces opérations préalables et de leurs suites.

9°. De ne faire l'année prochaine aucune imposition pour la construction de l'aquéduc de la Redorte, les fonds qui sont en caisse étant suffisants pour le paiement des ouvrages qui seront exécutés en 1784.

10°. D'ordonner que le récolement général des bornes du canal sera fait conformément aux observations du sieur Ducros, et que la moitié des frais qu'il occasionera sera prise sur le fonds de 6,000 liv. fait en 1782 pour cet objet.

11°. De faire payer sur ce fonds les 45 liv. 15 s. dus au sieur Dufourc, à raison du nivellement des ruisseaux de Tréboul et de Fresquel.

Enfin, d'autoriser MM. les commissaires qui seront nommés pour la direction des travaux publics pendant l'année, à faire payer sur le même fonds, ce qui pourra être dû aux inspecteurs des diocèses qui ont fait en 1781 le récolement provisoire desdites bornes.

(1783, 9 *décembre, page* 322.) On lit qu'il a été payé pour les gages du garde-écluse et du garde à bandoulière du canal de Saint-Pierre, 900 liv. ou 450 liv. pour chacun; 265 liv. pour l'habillement en grand uniforme du garde à bandoulière.

L'assemblée délibère deux mille livres pour l'entretien de ce canal.

(1784, 4 *décembre, p.* 57.) Mgr l'évêque de Montpellier rend compte du procès-verbal de la visite du canal faite par le sieur Ducros; il énonce, en gros, la quantité d'ouvrages faits; il dit que les inondations survenues pendant les mois de novembre et décembre de l'année dernière, ont causé au canal de grandes dégradations, qui ont été réparées; qu'une grande partie de la chaussée d'Orbiel, qui était construite en terre revêtue de caladats, ayant été emportée, on a travaillé

avec beaucoup d'activité à remplacer cette partie détruite par une digue en maçonnerie, revêtue de pierres de taille.

Que l'épanchoir de Trapel, situé dans la retenue de l'Évêque, traversée par la rivière de Fresquel, avait été totalement emporté par une crue très-extraordinaire du petit ruisseau de Trapel, jointe à celle de Fresquel; et qu'ayant été reconnu que la fondation était très-difficile dans l'emplacement de l'épanchoir détruit, le directeur-général du canal avait proposé de terrasser cet emplacement, et de remplacer l'épanchoir par un déversoir qu'on établirait sur le couronnement de l'aquéduc de Trapel.

Que ce projet ayant été communiqué au sieur Ducros et au syndic du diocèse de Carcassonne, ils acquiescèrent l'un et l'autre à la construction proposée, laquelle ne souffrait pas de retard; mais qui, attendu que le nouveau déversoir ne pouvait vider autant d'eau que l'épanchoir détruit, ne fut regardée que comme un moyen provisoire qu'il était nécessaire de prendre pour rétablir le plus tôt possible la navigation, puisque le même directeur communiqua, peu après le premier projet, celui d'un déversoir qui, étant placé entre ceux qu'on nomme de Buffiés, ne serait élevé que d'un pied au-dessus des eaux ordinaires, et viderait celles des inondations par un espace de douze toises de longueur.

Que le sieur Ducros ayant calculé que ce déversoir viderait plus du double de l'épanchoir détruit, et le syndic du diocèse de Carcassonne n'ayant trouvé aucun obstacle à son exécution, on y avait travaillé pendant la chôme du canal avec tant de célérité, qu'il était achevé, ainsi qu'un pont de six arches, de deux toises d'ouverture chacune, lequel a été établi au-dessus, pour la continuité du chemin de tirage.

Que le petit mur du réservoir de Lampy, qui barre un bas-fond au couchant de ce réservoir, près la métairie de Legues, avait été entièrement reconstruit, parce qu'il laissait filtrer les eaux avec trop d'abondance.

Que la grande sécheresse de l'été dernier avait obligé d'alimenter le canal long-temps avant le chôme, au moyen des eaux de Saint-Ferréol et de Lampy; et que les bords ainsi que le fond dudit canal ayant été desséchés par les grandes chaleurs survenues pendant la chôme, on avait eu peu d'eau à fournir lorsqu'on avait voulu rétablir la navigation, vers le 20 septembre; qu'il s'en était imbibé une très-grande quantité dans le canal même; en sorte que la navigation avait nécessairement langui jusque vers le 12 octobre, époque où les pluies lui avaient rendu toute sa vigueur, etc., etc.

L'assemblée délibère, 1° que le diocèse de Lavaur fera dresser incessamment les plans et devis des réparations nécessaires pour empêcher que le ruisseau de Laudot ne verse une partie de ses eaux dans le diocèse de Saint-Papoul lors de ses crues, et que ce dernier diocèse en usera de même, à raison de la petite partie du même ruisseau qui le traverse, pour le tout, rapporté aux États prochains, être par eux délibéré ce qu'il appartiendra.

Le recreusement des rigoles par Saint-Papoul;

2°. Qu'il n'y a lieu de rien statuer sur l'abaissement demandé par le syndic du diocèse de Saint-Papoul, du radier de l'aquéduc de Varagne, jusqu'à ce que ce diocèse ait fait recreuser la rigole de sortie, le contre-canal d'entrée de cet aquéduc, et élargir les fossés des particuliers.

Le devis et l'adjudication pour autres travaux;

3°. Que ledit diocèse fera dresser le devis de tout ce qui concerne le recreusement et l'élargissement du contre-canal de Mesuran, et qu'il procédera à l'adjudication des ouvrages.

La réparation de divers ponts, à la charge des diocèses;

4°. Que le diocèse de Carcassonne fera réparer, le plus tôt possible, les dégradations des ponts de Saint-Martin et de Villedubert, et que le trottoir du vieux pont de la Redorte sera démoli pendant la chôme prochaine du canal, à la diligence du syndic du diocèse de Narbonne.

La communication à l'ingénieur en chef du canal d'une demande pour l'abaissement de l'entrée de l'aquéduc Saint-Pierre;

5°. Que sa réquisition relative à l'abaissement de l'entrée de l'aquéduc de Saint-Pierre et au recreusement du contre-canal, sera communiquée au directeur-général du canal, pour y être pourvu, s'il y a lieu.

Des fonds pour bornes, etc.;

6°. D'imposer, en 1785, une somme de 4,000 liv. à compte du prix de l'aquéduc de la Redorte, et celle de 2,000 liv. pour partie du montant des enveloppes des bornes; en approuvant, à ce sujet, les observations du sieur Ducros.

La communication par M. Ducros au procureur-fondé du canal, du nouveau procès-verbal du bornage;

7°. De charger ce directeur de dresser un nouveau verbal de bornage du canal, en y faisant les corrections indiquées par celui du récolement, et de le communiquer au procureur-fondé de MM. les propriétaires; pour qu'après l'avoir dûment collationné avec l'ancien verbal et celui du récolement, il soit par lui signé, ainsi que par le syndic-général et le sieur Ducros, et puisse sans délai être remis à l'imprimeur.

La remise aux archives de l'ancien et du nouveau procès-verbal de bornage.

8°. D'ordonner que, tant l'ancien verbal de bornage que le nouveau seront déposés aux archives de la province, de même que celui qui a été dressé cette année pour le récolement général des bornes.

Enfin, d'accorder au sieur Daspect une gratification de 400 livres, à raison du travail extraordinaire que cette opération lui a occasioné.

(1784, 14 *décembre, p.* 257.) On vote 2,000 liv. pour l'entretien du canal de Saint-Pierre.

Les États délibèrent de charger M. Ducros de la continuation du projet de rapprochement du canal vers Carcassonne;

D'appeler à la vérification des moyens d'exécution, le syndic du diocèse de Carcassonne et l'agent des propriétaires du canal.

(1784, 16 *décembre, p.* 283.) L'assemblée délibère de charger le sieur Ducros d'aller reconnaître, sur les lieux, les plans et devis dressés par le sieur Garipuy, pour rapprocher le canal royal des murs de Carcassonne, de vérifier les moyens de les exécuter, d'appeler à cette vérification le diocèse de Carcassonne et l'agent de MM. les propriétaires du canal, pour pouvoir ensuite présenter ses plans et devis et ses observations aux États lorsqu'ils le jugeront convenable; de demander à Sa Majesté l'assurance d'une remise annuelle de 50,000 liv., pendant toute la durée des travaux de ce canal.

(1784, 16 *décembre, p.* 310.) L'assemblée délibère, qu'aux États prochains, l'opération du bornage provisoire des rigoles de la montagne et de la plaine soit terminée; afin qu'il puisse, sans autre délai, en être rendu un compte final.

M. Ducros énonce *idem.*

(1786, 21 *janvier, de page* 38 *à page* 43.) Mgr l'évêque de Montpellier rend compte du procès-verbal de visite du canal par le sieur Ducros; il énonce, en gros, la quantité des ouvrages faits; il dit qu'on a reconstruit la tête d'Aval de l'aquéduc de Guerry, près de Capestang, à laquelle il s'était fait, l'hiver dernier, une brèche considérable; que la navigation interrompue par cet accident fut rétablie en construisant tout de suite un bâtardeau dans le canal, au-devant de la brèche; que le directeur du canal au département du Somail a demandé d'être autorisé à construire une cale élevée de trois pouces au-dessus du niveau des eaux près de l'abreuvoir d'Argens, etc., etc.

Les États délibèrent:
La construction d'une cale à Argens;

L'assemblée délibère, 1° qu'il y a lieu de consentir à la construction d'une cale près de l'abreuvoir d'Argens.

Des travaux dans le diocèse de Carcassonne, au ruisseau de Tréboul et Fresquel;

2°. Que les travaux à faire dans le diocèse de Saint-Papoul, au ruisseau de Tréboul et à la rivière de Fresquel, seront différés jusqu'à ce que ceux du diocèse de Carcassonne soient achevés, à l'exception néanmoins du prolongement de la chaussée de Sainte-Gemme, auquel il convient de travailler sans retard.

L'achèvement, dans l'année, du bornage provisoire des rigoles de la montagne, etc.;

3°. Que le sieur de Puimaurin, syndic-général, sera chargé de faire achever, dans le cours de cette année, le bornage provisoire des rigoles du canal, appelées de la montagne et de la plaine, et de procéder à celui des rigoles de Cesse et d'Orbiel en la manière portée par les délibérations des États des 7 janvier 1775 et 11 décembre 1779, sauf à être ensuite statué ce qu'il appartiendra, pour les rendre définitifs après le compte qui sera rendu aux États de ces opérations préalables et de leurs suites.

Fonds pour bornes, etc.

Enfin qu'il sera imposé, la présente année, 5,000 liv. pour les enveloppes des bornes, et 6,000 liv. pour l'entier paiement du prix de l'aquéduc de la Redorte.

(1786, 28 *janvier, p.* 128.) Engravement près du pont de Vias, 12 liv. la toise cube.

Les États délibèrent l'approbation du projet Ducros, pour rapprocher de Carcassonne le canal royal.

(1786, 4 *février, p.* 355.) L'assemblée délibère, entre autres choses, d'approuver les plans, projets et changements proposés par le sieur Ducros pour l'exécution des travaux du nouveau canal de Carcassonne.

(1786, 14 *février*.) On lit que le pont sur le canal au-dessous de l'écluse de Gardouch est achevé.

M. Ducros énonce *idem*.

(1786, 16 *décembre, de page* 69 *à page* 76.) Mgr l'évêque de Montpellier rend compte de la visite du canal du Midi par le sieur Ducros; il énonce en gros la quantité d'ouvrages faits; il dit que la tête amont d'une seconde arche du pont-aquéduc de Cesse a été reconstruite cette année, et qu'on se propose d'exécuter de même, en 1788, la tête de la troisième arche.

Etc., etc.

Les États délibèrent : La communication aux riverains d'une demande du canal pour acheter des terrains par motif d'intérêt public ;

L'assemblée délibère, 1° de renvoyer au syndic du diocèse de Narbonne la demande de MM. les propriétaires, concernant l'acquisition du bois des Barrals, pour être par lui communiquée à la communauté d'Argens, et autres particuliers intéressés; dresser procès-verbal de leur dire, et être rapporté avec son avis aux États prochains.

La construction d'une cale, etc. ;

2°. De consentir à ce que MM. les propriétaires du canal construisent une cale pour vider les eaux dans le contre-canal Delficu, après que ledit contre-canal aura été prolongé jusqu'au ruisseau Mayral, dont il doit écouler les eaux.

Une vérification par M. Ducros dans le diocèse de Saint-Pons ;

3°. De charger le sieur Ducros de vérifier l'objet de la demande du diocèse de Saint-Pons, et les moyens de pourvoir aux dommages dont il se plaint, pour en être rendu compte aux États prochains.

Des fonds pour bornes et rigoles à la suite de l'aquéduc fini de la Redorte.

4°. D'imposer, en 1787, une somme de 2,000 liv., pour partie du montant des enveloppes des bornes, et celle de 5,000 liv.. pour la construction de la rigole de fuite de l'aquéduc de la Redorte, dont la dernière moitié sera payée à M. de la Redorte lorsque cet ouvrage aura été achevé, et autres conditions énoncées dans la délibération des États du 15 décembre 1783.

5°. D'ordonner que les exemplaires du procès-verbal de bornage du canal seront envoyés dans les communautés intéressées.

Détails sur la cale autorisée.

Il est dit, dans le corps du rapport, que le couronnement de la cale sera élevé de deux pouces au-dessus de la surface des eaux du canal.

La communication au syndic du diocèse de Carcassonne d'une demande du canal pour terrains à acheter entre Villedubert et l'Évêque.

On délibère ensuite de renvoyer au syndic du diocèse de Carcassonne, un mémoire de MM. les propriétaires du canal, tendant à être autorisés à acquérir à l'amiable ou à dire d'expert, les langues de terre qui sont entre les francs-bords du canal et la rivière d'Aude, depuis l'écluse de Villedubert jusqu'à celle de l'Évêque. Cette rivière menaçant depuis long-temps d'emporter les francs-bords sur cette longueur.

De procéder aux adjudications du canal vers Carcassonne.

(1786, 21 *décembre, page* 120.) L'assemblée délibère d'autoriser qu'on procède aux deux premières adjudications proposées par le sieur Ducros, pour les travaux relatifs au rapprochement du canal vers la ville de Carcassonne.

Détails sur le canal Saint-Pierre.

(1786, 30 *décembre, page* 342 et 343.) On lit que l'entretien des crics pour la manœuvre des empellements des portes d'écluse du canal de Saint-Pierre coûte 100 livres.

On délibère que le paiement des ouvrages pour l'entretien du canal de Saint-Pierre ne sera plus fait au moyen d'un droit imposé, mais sur les 25,000 liv. imposées annuellement pour les ouvrages de la Garonne.

M. Ducros énonce *idem*.

(1787, 24 *décembre, de page* 70 *à page* 74.) Mg^r l'évêque de Montpellier a rendu compte de la visite du canal par le sieur Ducros; il énonce en gros la quantité des ouvrages faits; il annonce qu'on terminera l'année prochaine d'envelopper les bornes du canal dans un massif de maçonnerie; qu'il faut donc faire les fonds relatifs à la moitié de cette dépense. Il dit que la barque pontonnée du Libron rompit le 14 septembre dernier, sous la charge d'une très-forte inondation,

Rupture du pont-aquéduc du Libron.

pendant que le canal était à sec, et qu'on doit la reconstruire à neuf d'ici à l'été prochain, etc., etc.

Les États délibèrent des fonds pour bornes;

L'assemblée délibère, 1° d'imposer, en 1788, un somme de 5,000 l. pour partie du montant des enveloppes des bornes.

Le recreusement de la rivière de Quarante; le syndic de Narbonne se concertera avec les agents du canal;

2°. D'ordonner qu'il sera pourvu incessamment au recreusement de la partie inférieure du lit de la rivière de Quarante, conformément à ce qui est porté pour la délibération des États du 18 février 1764, et de charger le syndic du diocèse de Narbonne de prendre, de concert avec les agents de MM. les propriétaires du canal, les moyens les plus prompts pour exécuter cette réparation, laquelle sera ensuite entretenue à moitié frais.

Le recreusement et l'élargissement de la rivière d'Argeliers;

3°. De déterminer le redressement qui doit être fait, à moitié frais, par MM. les propriétaires et les communautés riveraines de l'ancien lit de la rivière d'Argeliers, et l'élargissement des parties qui sont conservées, de manière que la rigole de fuite ait partout une toise de largeur à la base, depuis le canal jusqu'à la rencontre du ruisseau de Narouse, comme aussi de donner sept pieds et demi de base audit ruisseau jusqu'au pont du canal.

La réparation par qui de droit du pont de Méjeanne;

4°. D'ordonner que le pont de Méjeanne sera incessamment réparé, en chargeant le syndic du diocèse de Carcassonne d'obliger les propriétaires de la métairie de Méjeanne à faire travailler de suite à cette réparation.

La vérification par M. Ducros de la demande de Saint-Papoul pour un aquéduc au Cassieu près Castelnaudary.

5°. D'ordonner que le sieur Ducros fera une vérification sur l'objet de la demande du syndic du diocèse de Saint-Papoul, tendante à ce qu'il soit fait sous le nouveau lit du canal, à Castelnaudary et près du pont que l'on construit au-dessus, un aquéduc pour écouler les eaux stagnantes et fétides qui viennent des égouts de la ville; on a estimé que cet aquéduc devait avoir neuf pieds d'ouverture, ou environ.

Rien n'exige la vente au canal des terrains demandés entre l'Évêque et Villedubert.

Il a été délibéré ensuite, page 75, que l'intérêt public ou la conservation du canal, n'exigeaient pas que le canal devînt propriétaire des terrains entre l'écluse de Villedubert et de l'Évêque.

Les adjudications du canal vers Carcassonne sont approuvées.

Il a été délibéré ensuite, page 78, entre autres choses, d'approuver les adjudications qui ont été faites de la partie du canal qui avoisine le plus la ville de Carcassonne et du nouveau lit de Fresquel.

(1787, 29 *décembre, p.* 111.) On impose, pendant six années, 150 liv. pour l'entretien de huit ponts sur le canal Royal.

Détails sur l'entretien du canal de jonction vers Narbonne.

(1788, 8 *janvier, p.* 327.) On lit une proposition relative à l'entretien des arbres du canal de jonction, et leur remplacement jusqu'au 1ᵉʳ avril 1792, moyennant le prix de 4 liv. pour chaque ormeau, et celui de 5 liv. pour chaque tremble; et quant aux arbres déjà plantés qui ont réussi, il s'oblige à les entretenir et à remplacer ceux qui mourront d'ici à ladite époque, moyennant le prix de 7 sols et demi pour chaque ormeau par année, et celui de 5 sols pour chaque tremble; cette soumission est acceptée. On établit un garde sur le canal de jonction; son habillement et ses armes ont coûté 418 liv. 15 s.; on accorde à chaque garde un louis par an, pour qu'il s'habille lui-même.

Copie littérale du dernier rapport fait aux États, en résultat de la visite du canal Royal par M. Ducros.

(1789, 24 *janvier, p.* 52, etc.) Mgʳ l'évêque de Montpellier a dit que le sieur de Montferrier a rapporté à la commission la vérification faite par le sieur Ducros, du canal de communication des mers et de ses rigoles, depuis la Garonne jusqu'à l'étang de Thau.

Le rapport de ce directeur mentionne les niveaux d'eau, etc., dans le canal;

Que le procès-verbal que ce directeur en a dressé, contient la hauteur des eaux sur les éperons des portes basses et des portes de défense de toutes les écluses; leur hauteur, relativement aux entre-toises maîtresses des portes de défense; le résultat des sondes faites

Les ouvrages qui ont été faits;

à chaque retenue; le détail des recreusements, des maçonneries et des autres ouvrages de toute espèce qui ont été faits cette année au canal, à ses bassins, et aux rigoles qui y portent les eaux.

Le niveau du seuil des aquéducs;

Que ce procès-verbal fait connaître ensuite la hauteur des margelles des aquéducs sur les basses eaux des ruisseaux qui les traversent, ces repères fixes étant la marque la plus certaine de l'état des rigoles de fuite.

Les réquisitions des riverains et des propriétaires du canal.

Qu'il contient aussi les réquisitions faites par les riverains et par les agents de MM. les propriétaires du canal.

Que, suivant ledit procès-verbal, les ouvrages faits en 1788, consistant, 1° en deux cent soixante-dix-neuf toises cubes de maçonnerie de moellon.

2°. En six cent cinquante-huit toises carrées de pierres de taille.

3°. En huit toises cubes de maçonnerie de brique.

4°. En deux cent quarante-six toises cubes de murs à pierre sèche,

5°. En onze mille cinq cent vingt pieds cubes de bois de chêne ou de sapin.

6°. En deux cent soixante-dix-sept quintaux, vingt-quatre livres de fer ou de plomb.

7°. En vingt-cinq mille neuf cent quatre-vingt-quatorze toises cubes de déblais ou de remblais.

8°. En quinze cent soixante-treize toises cubes de déblais de roc.

9°. Au rejointoiement général de toutes les maçonneries.

10°. Enfin, à l'arrachement des herbes qui gênaient la navigation.

Que le sieur Ducros ajoute, qu'indépendamment de tous ces ouvrages d'entretien ordinaire qui s'étaient exécutés avant l'époque de sa vérification, les grandes pluies survenues du 9 au 14 octobre, et surtout celles du 10 et 11 novembre, ont occasioné des dégâts très-considérables, et ont nécessité beaucoup de réparations.

Que lors des pluies du mois d'octobre, le ruisseau de Libron et la rivière d'Orb interceptèrent la navigation, depuis le 9 dudit mois jusqu'au 21, en sorte qu'un grand nombre de barques, qui étaient chargées pour la foire de Bordeaux, furent nécessairement arrêtées pendant tout ce temps; qu'à cette même époque, la rivière d'Ognon combla entièrement le canal à l'endroit où elle le traverse, et que celle

de Fresquel y laissa plusieurs tocs; mais que ces comblements nuisirent peu à la navigation, par la célérité qu'on apporta à les enlever.

Qu'au mois de novembre dernier, la rivière d'Hérault a comblé les trois branches du canal qui y aboutissent; celle d'Orb a causé des éboulis et des comblements; celle de Cesse a rompu la chaussée qui en amène les eaux au canal, et a comblé en entier la rigole de la prise d'eau; que les eaux de la rivière d'Argent-Double et du ruisseau de Ribassel près de la Redorte, sont entrées dans le canal par-dessus les

aquéducs; que la rivière d'Ognon a comblé derechef la partie qu'elle traverse, et celle de Fresquel a laissé de nouveaux dépôts; que tant d'eaux réunies ont entraîné dans le canal plusieurs parties de digues élevées du côté des coteaux, et ont emporté en plusieurs endroits, s'échappant du côté opposé, le sommet du franc-bord et une partie du talus extérieur qui le soutient, mais qu'il n'y a brèche nulle part au-dessous du niveau des eaux.

Que dès que cette inondation, une des plus fortes connues, a été finie, on s'est empressé de travailler sur toute l'étendue du canal, à enlever les dépôts avec des grapins, à rehausser les digues qui ont été enlamées, et à réparer toutes les dégradations; qu'on a apporté à ces travaux toute l'activité dont leur exécution était susceptible.

Que MM. les propriétaires désirent empêcher qu'à l'avenir les eaux sauvages, que le canal est exposé à recevoir, ne s'y élèvent à une assez grande hauteur pour rompre les digues; et ayant reconnu par l'expérience que les épanchoirs à siphon, inventés par feu le sieur Garipuy le fils, produisent, sans aucun besoin de main d'homme, des effets beaucoup plus considérables que les épanchoirs à fonds ordinaires, qui ont d'ailleurs l'inconvénient de ne jouer qu'au moyen d'une manœuvre exposée à être négligée, demandent le consentement des États, à la construction de trois de ces épanchoirs à siphon, savoir:

un auprès de l'aquéduc de Saint-Agne, auquel serait établi un déversoir; un second au contour de la Redorte, qui viderait les eaux dans la rigole de fuite de l'aquéduc de Ribassel; et le troisième vis-à-vis le ruisseau d'Argeliers dans la grande retenue.

Sur quoi le sieur Ducros observe que rien ne s'oppose au consentement demandé par MM. les propriétaires du canal, pourvu qu'ils exécutent, conformément aux conventions, les rigoles nécessaires pour vider et contenir les eaux de ces nouveaux épanchoirs, et qu'ils leur donnent les dimensions qui seront fixées d'après une vérification à laquelle seront appelés les syndics des diocèses de Toulouse et de Narbonne, les emplacements desdits épanchoirs étant situés dans ces deux diocèses.

Que le sieur Ducros rappelle ensuite que les États ont été informés, dans leurs précédentes assemblées, du travail fait chaque année depuis 1784, pour envelopper les bornes du canal dans des massifs de maçonnerie qui les rendent immuables; que ce travail a été achevé l'année dernière, à l'exception des bornes placées sur le franc-bord du bassin de Castelnaudary, dont on bâtira les enveloppes, en même temps que celles des bornes qu'il faudra changer dans le nouvel emplacement qu'on donne au canal, à la sortie de ce bassin vers Toulouse; que d'après les toisés qui en ont été faits, la dépense de tous les

massifs de maçonnerie, y compris celle de la fourniture de quelques bornes qui manquaient, monte à la somme de 38,267 liv. 7 s. 4 d., dont la moitié, qui est à la charge de la province, se porte à 19,133 liv 13 s. 8 d.; et comme les fonds déjà imposés et payés pour cet objet, s'élèvent à 18,222 liv. 16 s. 10 d., l'imposition à faire pour compléter le paiement est de 910 liv. 16 s. 10 d.

Plainte de la ville d'Agde contre le chemin en chaussée d'Agde à Vias.

Elle demande une rigole aux frais du diocèse.

Exposé des faits par M. Ducros.

Avis de cet ingénieur fondé sur l'arrêt du conseil du 24 avril 1759.

Que pour rendre compte des réquisitions qui lui ont été faites, le sieur Ducros expose, 1° que les consuls de la ville d'Agde représentent, en conséquence d'une délibération prise le 22 juin dernier, par le conseil politique de ladite ville, que depuis que le diocèse d'Agde a fait construire la chaussée d'Agde à Vias, les eaux séjournent plus long-temps dans la partie de la plaine comprise entre le canal royal et cette chaussée, et que ces eaux passent avec rapidité sur les ponts de ladite chaussée, dégradent la partie inférieure de la même plaine; que pour remédier à ces deux inconvénients, il est nécessaire d'ouvrir une rigole à la suite d'un des ponts construits entre la rigole de Salamanque et la ville d'Agde, et que la dépense de cette rigole doit être à la charge du diocèse, attendu que les dégâts causés par les eaux ne proviennent que du chemin.

Que le sieur Ducros observe, sur cette demande, que le nombre et l'ouverture des ponts construits sous la chaussée, entre Agde et Vias, sont trop considérables pour que les eaux puissent, dans aucun cas, être retenues trop long-temps sur les champs situés à l'avenue des eaux entre le canal et le chemin; qu'à l'égard des ravins ou écorchis que la rapidité des eaux de l'Hérault peut causer à la sortie des ponts, lors des fortes inondations, il serait nécessaire, si on voulait les empêcher, comme la communauté d'Agde le demande, d'ouvrir, non pas une seule rigole de fuite, mais autant de rigoles qu'il y a de ponts; ce serait d'une très-grande dépense et de fort peu d'utilité, attendu que les écorchis dont on se plaint arrivent rarement et sont peu considérables; que d'ailleurs, il est utile que les eaux limoneuses s'épandent sur les champs au lieu d'être contenues dans des fossés.

Qu'au surplus, d'après les renseignements qu'il a pris, la plaine de la Verdisse, comprise entre le chemin et la partie de l'Hérault inférieure à la ville d'Agde, étant fort plate, il est reconnu depuis fort long-temps qu'il serait avantageux de la couper par une rigole de plus, afin d'en vider plus promptement les eaux pluviales et celles que les inondations laissent dans quelques parties; mais que le mal provenant d'un état ancien et auquel le chemin du diocèse ne saurait aucunement influer, puisqu'il est situé à l'extrémité supérieure de cette partie de la plaine. La dépense du recreusement de la nouvelle rigole, et ensuite celle de son entretien, doivent être supportées en entier par la communauté d'Agde, conformément aux règles établies par l'arrêt du conseil du 24 avril 1739, pour le creusement et l'entretien des rigoles.

2°. Que les consuls de Vias exposent que le niveau de la surface des eaux du canal, dans la retenue de l'écluse Ronde qui traverse leur terroir, a été originairement fixé par un grand nombre de déversoirs à fleur d'eau, destinés à évacuer les eaux surperflues que divers ruisseaux et la rivière de l'Hérault versent dans cette retenue; que cependant on a établi depuis quelques années, sur ces déversoirs, des rehaussements en gazon qui, soutenant constamment les eaux du canal à une hauteur supérieure à celle du couronnement desdits déversoirs, occasionent, lors de chaque pluie, la submersion des prairies basses de la communauté qui bordent le canal; qu'il a été aussi établi sur le radier de fuite du ruisseau de Libron, un relèvement en planches qui cause de très-grands dommages aux possessions riveraines de ce ruisseau; et que pour empêcher de pareils dommages à

l'avenir, il est nécessaire de remettre le niveau des eaux du canal dans son état primitif, et par conséquent, d'abattre tous les rehaussements faits sur les déversoirs, et relèvement en planches sur le radier du Libron.

Sur quoi le sieur Ducros observe que lors de sa vérification, qui a eu lieu dans cette partie, immédiatement après les pluies survenues entre le 8 et le 15 octobre, les rehaussements en gazons établis solidement sur tous les déversoirs, avaient un pied de hauteur; que les eaux du canal effleuraient presque la surface supérieure de ces gazons, à travers desquels on venait de faire quelques ouvertures, et qu'il y avait une assez grande quantité d'eau stagnante dans les prairies du terroir de Vias; d'où il suit que cette communauté a intérêt à ce que les rehaussements en gazon soient enlevés; qu'il a reconnu, d'un autre côté, par les sondes multipliées qu'il a faites dans la retenue de l'écluse Ronde, que quoique les eaux y fussent élevées de onze à douze pouces au dessus de leur niveau ordinaire, ainsi qu'il l'a constaté, non-seulement par la hauteur des rehaussements sur les déversoirs, mais encore par les hauteurs prises sur les éperons des écluses, il n'y avait que cinq pieds à cinq pieds quatre pouces en beaucoup d'endroits au-dessus de la base du canal; qu'ainsi dans l'état actuel, on ne pourrait, sans nuire à la navigation, abattre les

rehaussements; mais qu'il suffira sans doute d'informer MM. les propriétaires du canal de la réclamation fondée de la communauté de

Vias, pour qu'ils ordonnent que cette retenue soit recreusée, lors du chômage prochain, jusqu'à l'ancienne base fixée par le niveau des éperons des deux écluses qui la terminent, et pour qu'ensuite elle soit entretenue à cette profondeur, en enlevant chaque année les dépôts que les eaux y entraînent.

<table>
<tr><td>

Pour la vérification du radier du Libron.

</td><td>

Qu'à l'égard du relèvement en planches sur le radier du Libron, comme ce directeur n'a pu reconnaître les effets qu'il peut produire, attendu que le radeau était en place, il lui paraît qu'avant de statuer sur cette partie de réclamation de la communauté de Vias, il est convenable d'en vérifier l'objet, le syndic du diocèse d'Agde et le directeur du canal étant appelés à cette vérification.

</td></tr>
<tr><td>

M. Ducros fait observer qu'on a rehaussé le couronnement du mur de barrage de la rivière d'Ognon.

Il a demandé au syndic si la commune d'Olonzac n'avait pas à se plaindre.

Le syndic répond que la commune s'est déjà plainte, et il requiert M. Ducros d'en faire mention.

M. Ducros a écrit aussi à l'ingénieur en chef du canal.

L'ingénieur en chef répond que si le rehaussement est reconnu nuisible, on l'abaissera.

</td><td>

3°. Que le directeur du département du Somail ayant fait construire en arrière du mur qui soutient le canal, à l'endroit où il est traversé par la rivière d'Ognon, une plate-forme de charpente plus élevée que le couronnement dudit mur, le sieur Ducros a donné connaissance de cette nouvelle œuvre au syndic du diocèse de Saint-Pons, pour savoir si la communauté d'Olonzac, dépendante de ce diocèse, et dans laquelle est située la partie du canal dont il s'agit, ne pourrait souffrir aucun préjudice, à raison de l'excès de hauteur de la plate-forme sur l'ancien mur; que ce syndic a répondu que les consuls d'Olonzac s'étaient déjà plaints du nouvel obstacle que l'élévation donnée à ladite plate-forme procure à l'écoulement des eaux, malgré les petits intervalles qu'on a laissés entre les poutrelles qui supportent les planches, et a, en conséquence, requis le sieur Ducros de rendre compte aux États de son opposition à ce que cet ouvrage soit conservé; que, d'un autre côté, le sieur Pin, directeur-général du canal, à qui ledit sieur Ducros avait aussi écrit à ce sujet, lui a répondu que la construction de la plate-forme en charpente avait eu pour motif le désir de faciliter le passage des patrons et de leurs chevaux, qui jusqu'à présent avaient passé avec danger sur le couronnement du mur, lequel est souvent surmonté par un volume d'eau assez considérable; mais que si le rehaussement donné à cette charpente était reconnu nuisible, on l'abaisserait.

</td></tr>
<tr><td>

Avis de M. Ducros pour rétablir les choses.

</td><td>

Que, vu que la communauté d'Olonzac souffre déjà de très-grands dommages par le regonfle qu'occasione la digue qui barre la rivière à l'endroit où elle est reçue dans le canal, le sieur Ducros pense que, malgré l'utilité bien réelle, pour les patrons, de la plate-forme con-

</td></tr>
</table>

struite l'année dernière, il est indispensable de la rabaisser à niveau du couronnement de la digue.

Que ce directeur rappelle, à ce sujet, que le diocése de Saint-Pons avait demandé, en 1786, que les États voulussent bien ordonner la construction d'un aquéduc sous lequel on ferait passer la rivière d'Ognon, qui, depuis la construction du canal, occasione les plus grands dommages dans le terroir de la communauté d'Olonzac; et qu'il fut délibéré, le 16 décembre de ladite année, que le sieur Ducros vérifierait l'objet de cette demande, et proposerait les moyens de remédier au mal dont on se plaignait.

Qu'il a reconnu, quant aux motifs de cette plainte, que le lit de la rivière d'Ognon et celui du ruisseau de Pene qui s'y jette, sont presque entièrement comblés par la quantité immense de gravier qui s'y est entassée, à tel point, qu'un pont construit sur le ruisseau de Pene, près d'Olonzac, est à présent couvert presque en entier par le gravier, ce qui ne peut être attribué qu'à la digue qui fut élevée lors de la construction du canal pour barrer la rivière d'Ognon; que ce rehaussement du lit des deux rivières, joint au rétrécissement que les riverains opèrent par des plantations, il résulte qu'elles débordent, lors des moindres crues, dans la plaine d'Olonzac, qui est d'une grande étendue; qu'elles en dévastent beaucoup de champs par le gravier qu'elles y portent, et que les eaux une fois ramassées dans les parties basses de cette plaine, ne peuvent plus en sortir.

Que la construction d'un aquéduc sur la rivière d'Ognon serait donc d'une très-grande utilité, puisqu'elle rendrait aux eaux de cette rivière et de ses affluents, la même liberté de se vider dans la rivière d'Aude, qu'elles avaient avant la confection du canal; mais, ainsi

qu'il l'a rapporté en 1786, la dépense de cet aquéduc serait nécessairement considérable, et en elle-même, parce qu'il ne pourrait être formé de moins de trois arches de cinq à six toises chacune, et à raison de ce que sa construction nécessiterait le changement d'une partie de canal et la suppression d'un bassin de l'écluse double d'O-guou, qu'il faudrait transporter au-dessous dudit aquéduc, afin de se procurer la hauteur nécessaire pour le passage des eaux de la rivière sous l'aquéduc.

Qu'il croirait donc convenable d'avoir recours à un autre moyen, beaucoup moins dispendieux, et cependant très-propre à procurer, dans la position particulière où se trouve la rivière d'Ognon, à l'endroit où elle traverse le canal, l'écoulement de ses eaux à niveau de l'ancienne base de son lit; qu'en effet la rivière d'Ognon étant contenue dans sa traversée du canal par une écluse double d'un côté, et de l'autre par des portes d'une demi-écluse, elle se trouve très-utilement resserrée dans un espace en dehors duquel elle ne peut s'étendre.

Qu'un peu en amont de la demi-écluse sont construits des épanchoirs à fonds, destinés à vider les eaux que fournit la rivière, toutes les fois qu'il est nécessaire d'enlever le gravier qu'elle laisse dans le canal, c'est-à-dire après chaque crue; que si les épanchoirs étaient placés directement en face du courant de la rivière, il est hors de doute qu'il y passerait une grande quantité de gravier lors des inondations; mais comme ils sont placés en arrière de la direction dudit courant, les eaux sont obligées de se détourner à peu près à angle droit pour s'y rendre, et se trouvant ainsi contrariées et ralenties, elles laissent dans le canal le gravier qu'elles apportent avec elles.

Des épanchoirs de fond suffisent pour satisfaire les intérêts de la commune d'Olonzac par rapport à la rivière d'Ognon.

Qu'il paraît donc que ce serait un ouvrage très-utile que de percer la chaussée continue qui barre la rivière d'Ognon, par plusieurs épanchoirs à fond, qu'on placerait dans la direction du courant, afin qu'étant ouverts à chaque crue, il pût y passer un volume d'eau considérable, et avec lui toutes les matières que cette eau charrierait; que c'est ainsi qu'on l'a pratiqué avec beaucoup de succès à la rivière d'Orb, pour empêcher l'accroissement du rehaussement du lit de cette rivière; que c'est par ce moyen qu'on diminue de beaucoup les dépôts de la rivière de Fresquel, et que nulle part l'application ne peut être plus immédiatement avantageuse qu'à la rivière d'Ognon, vu la manière dont elle est déjà resserrée entre une écluse et une demi-écluse, qui empêchent que les eaux ne puissent s'étendre d'aucun côté dans le canal; qu'il en résulterait que les eaux retrouvant leur ancienne pente, entraîneraient nécessairement à chaque crue une quantité considérable de graviers entassés dans leur lit, approfondiraient ces lits, par conséquent rendraient ainsi aux eaux stagnantes dans les champs la facilité de s'écouler, et déborderaient beaucoup moins souvent; que cet ouvrage devant être aussi utile à la navigation qu'à la communauté d'Olonzac, il conviendrait seulement, relative-

Des portes contre-busquées suffisent ici pour assurer les intérêts de la navigation.

ment au premier objet, que MM. les propriétaires du canal ajoutassent à la demi-écluse d'Ognon une seconde porte qui serait busquée du côté opposé à celle qui est déjà construite, afin d'empêcher que les eaux de la retenue qui est à niveau de la rivière d'Ognon, ne se vident par les épanchoirs comme elles le font à présent, ce qui est un inconvénient auquel il serait toujours avantageux de remédier, indépendamment du projet proposé.

Qu'en se résumant, le sieur Ducros observe qu'il paraît convenable de charger l'inspecteur du diocèse de Saint-Pons, d'examiner, de concert avec le directeur du canal, dont le département est traversé par la rivière d'Ognon, combien d'épanchoirs il peut être utile de construire à travers la digue qui barre cette rivière, et d'en dresser les plans et profils, ainsi que les toisés estimatifs de la dépense, pour, sur le compte qui serait rendu aux États prochains de ces opérations préliminaires, être statué ce qu'il appartiendrait; et cependant que le syndic du diocèse de Saint-Pons tiendrait la main à ce que les propriétaires riverains arrachent tous les arbres qui contribuent au rétrécissement du lit de la rivière d'Ognon, conformément aux dispositions de l'article 3 de l'arrêt du conseil, du 24 avril 1756.

4°. Que le syndic du diocèse de Carcassonne expose, qu'avant la construction du canal, les eaux du ruisseau de Corneille allaient se jeter dans la rivière de Fresquel au-dessus du village de Sainte-Eulalie, en suivant leur pente naturelle du midi au nord; que ces eaux ayant d'abord été reçues dans le canal qui en intercepte le cours, il fut construit un épanchoir à fonds avec une rigole de fuite qui les conduisait dans Fresquel lors des inondations; que, plusieurs années après, lorsqu'on construisit l'aquéduc de l'Espitalet dans l'emplacement du ruisseau d'Arzens, on amena à ce ruisseau les eaux de celui de Corneille, en les faisant remonter contre leur direction naturelle, en sorte que depuis lors elles se dégorgent dans la rivière de Fresquel, neuf cents toises au-dessus de leur ancienne embouchure; qu'il résulte de cette disposition que la pente des eaux du ruisseau de Corneille ayant été beaucoup diminuée, elles débordent à la moindre crue, submergent une grande quantité de terres riveraines, dégradent périodiquement tous les ans la récolte dans une plaine autrefois très-fertile, et inondent souvent dans leurs maisons les habitants du hameau des Alauses; que, pour remédier à ces événements, d'autant plus fâcheux que plusieurs riverains ont vu changer l'état des choses d'une manière aussi funeste, ledit syndic a été chargé par la dernière assemblée de l'Assiette du diocèse, de s'adresser aux États, pour les

supplier de vouloir bien entreprendre la construction d'un aquéduc
sous lequel on ferait passer les eaux du ruisseau de Corneille, afin
de les conduire directement à la rivière de Fresquel, ainsi qu'elles y
allaient avant la construction du canal, demande dont il est indispensable de vérifier l'objet en présence du syndic du diocèse.

Que sur le compte qui fut rendu à la dernière assemblée de la réquisition faite par le syndic du diocèse de Saint-Papoul, pour la construction d'un aquéduc près de la ville de Castelnaudary, à l'effet de
donner un passage aux eaux fétides qui viennent des égouts de cette
ville; il fut délibéré que le sieur Ducros vérifierait de nouveau l'objet
de cette demande, MM. les commissaires du diocèse ayant été préala-
blement appelés pour y assister.

Qu'en exécution de cette délibération, il a procédé le 1ᵉʳ juillet
dernier, en présence de mesdits sieurs commissaires, à la vérification
détaillée des lieux; qu'il a reconnu qu'avant le changement auquel
on travaille, de l'emplacement du canal en cette partie, il restait entre le canal et le pied du coteau une petite prairie basse coupée de
plusieurs fossés dans lesquels l'eau croupissait; mais que la nouvelle
direction donnée à ce canal ayant traversé cette prairie, il n'en reste
du côté de l'avenue des eaux qu'un petit lambeau, et presque tous les
fossés qui la coupaient sont à présent entre l'ancien et le nouveau canal; qu'au moyen de ce, il n'y a plus d'eaux stagnantes que dans
deux fossés de peu d'étendue que les riverains ont élargis et approfon-
dis pour en retirer de la terre et du fumier, et que s'il est possible
que le petit volume d'eau stagnante contenue dans ces fossés, cause
des maladies dans Castelnaudary par des vapeurs infectes, il est très-
aisé de détruire toute stagnation en comblant lesdits fossés, de manière que leur base soit à peu près au niveau du plafond des cales qui
en videront les eaux dans le canal, comme ci-devant.

Qu'à ces observations que le sieur Ducros a faites sur les lieux à
MM. les commissaires du diocèse de Saint-Papoul, il ajoute que partout où l'on a été obligé de construire des cales pour recevoir des
eaux sauvages dans le canal, il eût été plus utile de construire des
aquéducs; et que sous ce rapport général il y avait de l'utilité, pour
le canal seulement, à faire passer les eaux que fournit une partie de la
ville de Castelnaudary, sous un aquéduc, plutôt que de les recevoir
dans le canal même par-dessus des cales.

Que pour donner aux États la connaissance de tous les détails qui par l'ingénieur de Saint-Papoul et celui du canal.

doivent influer dans leur détermination, ce directeur a rapporté à la commission le plan du local et celui de l'aquéduc avec le toisé estimatif de sa dépense; que le plan du local dressé par l'inspecteur des travaux du diocèse de Saint-Papoul, rend plus sensibles les observations du sieur Ducros; et qu'il résulte du toisé estimatif de l'aquéduc fait par le même inspecteur, de concert avec le directeur du canal, que la dépense de sa construction est évaluée, y compris la rigole de fuite, à vingt-quatre mille sept cent cinq livres.

24,705 liv., évaluation.

Les États délibèrent :

Que MM. les commissaires, après avoir entendu la lecture du procès-verbal du sieur Ducros, ont cru devoir proposer aux États de délibérer.

D'autoriser les trois épanchoirs à siphon demandés, et leurs rigoles;

1°. De consentir que MM. les propriétaires du canal fassent construire trois épanchoirs à siphon, savoir : un auprès de l'aquéduc de Saint-Agne, un second au contour de la Redorte, et le troisième vis-à-vis le ruisseau d'Argeliers, à la charge par eux d'exécuter, conformément aux conventions, les rigoles nécessaires pour vider et contenir les eaux de ces nouveaux épanchoirs, et de leur donner les dimensions qui seront fixées d'après les vérifications auxquelles les syndics des diocèses de Toulouse et de Narbonne seront appelés.

D'après les conventions et la vérification à faire pour dimensions,

D'imposer la moitié de la dépense pour enveloppe des bornes du canal;

2°. D'imposer neuf cent dix livres seize sols six deniers pour compléter le paiement de la partie à charge de la province, de la dépense des enveloppes des bornes du canal.

De ne pas accueillir la demande d'Agde, à moins que cette ville veuille faire la rigole ;

3°. De déclarer n'y avoir lieu d'accueillir la demande de la ville d'Agde, pour l'ouverture d'une rigole à la suite d'un des ponts construits entre la rigole de Salamanque et ladite ville, sauf à cette communauté à faire creuser et entretenir à ses frais, une nouvelle rigole dans la plaine de la Verdisse, en suivant les règles établies par l'arrêt du conseil du 24 avril 1739, pour le recreusement et l'entretien des rigoles.

De faire recreuser la retenue de l'écluse Ronde;

4°. De charger le syndic-général d'informer MM. les propriétaires du canal, de la réclamation fondée de la communauté de Vias, pour les porter à faire creuser, lors du chômage prochain, la retenue de l'écluse ronde jusqu'à l'ancienne base fixée par le niveau des éperons des deux écluses qui la terminent, et à l'entretenir à cette profondeur, en enlevant chaque année les dépôts que les eaux y entraînent.

De ce que M. Ducros

5°. D'ordonner que le sieur Ducros vérifiera, en présence du syndic du diocèse d'Agde et du directeur du canal, l'objet des réclamations de la même communauté de Vias, au sujet du relèvement en planches fait sur le radier de Libron.

6°. D'avoir égard à l'opposition formée par le syndic du diocèse de Saint-Pons, à raison de la trop grande élévation de la plate-forme en charpente, construite en arrière du mur qui soutient le canal à l'endroit où il est traversé par la rivière d'Ognon, et de déterminer que cette plate-forme sera rabaissée à niveau du couronnement de la digue qui barre la rivière.

7°. D'ordonner que l'inspecteur des travaux du diocèse de Saint-Pons examinera, de concert avec le directeur du canal, dont le département est traversé par la rivière d'Ognon, combien d'épanchoirs il peut être utile de construire à travers la digue qui barre cette rivière, et qu'ils en dresseront les plans et profils, ainsi que les toisés estimatifs de la dépense, pour, sur le compte qui sera rendu aux prochains États, de ces opérations préliminaires, être statué ainsi qu'il appartiendra.

8°. De charger le syndic du diocèse de Saint-Pons, de tenir la main à ce que les propriétaires riverains arrachent tous les arbres qui contribuent au rétrécissement du lit de la rivière d'Ognon, conformément aux dispositions de l'article 3 de l'arrêt de 1739.

9°. D'ordonner que le sieur Ducros vérifiera, en présence du syndic du diocèse de Carcassonne, la demande de ce diocèse, relative à la construction d'un aquéduc, sous lequel on ferait passer les eaux du ruisseau de Corneille.

Enfin, de déterminer n'y avoir lieu de s'occuper de la construction de l'aquéduc demandé par le diocèse de Saint-Papoul.

Ce qui a été délibéré sur tous les chefs, conformément à l'avis de MM. les commissaires.

FIN DES PROCÈS-VERBAUX DE L'ASSEMBLÉE DES ÉTATS-GÉNÉRAUX DU LANGUEDOC.

POLICE SUR LE CANAL DU MIDI, ET COMPÉTENCE,

AVANT 1790.

(1759.) Les procès-verbaux de l'assemblée des États-généraux du Languedoc n'énoncent que deux faits relatifs *à la police, sous le rapport de la navigation :* l'un de ces faits, année 1759, est relatif à l'ordonnance du juge du canal, pour renouveler la défense de cultiver les francs-bords; l'autre, année 1773, est relatif au défaut d'alignement d'une maison bâtie sur le bord du canal, malgré les représentations de l'ingénieur des propriétaires.

Siège de justice établi sur le canal.

D'après l'édit du Roi, du mois d'octobre 1666, pour la construction du canal, son érection en plein fief, vente de ce fief, ainsi que du péage, pour l'entretenir; ce qui concernait la police était du ressort d'un siège de justice établi dans la ville de Castelnaudary, composé d'un capitaine châtelain, d'un lieutenant, d'un procureur des seigneurs, et autres officiers. « Ils connaissaient et jugeaient en première » instance de tous différens qui pouvaient naître, tant en matière » civile, criminelle, que mixte, soit pour les dégradations et délits » qui pouvaient être commis aux ouvrages, que de tous différens, à » raison de la navigation et perception des droits. »

Le même édit avait permis d'établir deux lieutenants du juge-châtelain et deux procureurs de seigneurie dans les villes de Villefranche et de Trèbes, pour y résider, administrer la justice, et tenir la main à la conservation des ouvrages.

Gardes à la livrée du Roi.

Il avait permis aussi à l'acquéreur ou propriétaire d'établir et entretenir, à ses frais, douze gardes, pour veiller à la conservation des ouvrages et aux réparations qu'il conviendrait d'y faire journellement ; ces gardes devaient porter les livrées du Roi, et pouvaient mettre en exécution tous mandements et actes de justice qui concernaient le canal dans toute l'étendue du royaume.

Ces gardes, dits gardes à bandoulières, étaient chargés de dresser les procès-verbaux relatifs à l'inexécution des ordonnances du juge-châtelain du canal.

Les gardes-écluses, et d'autres gardes dits surveillants, veillaient et tenaient la main à l'exécution de ces ordonnances, chacun envers soi, et relativement à leur emploi.

Tous ces gardes, indistinctement, prêtaient main forte aux receveurs, contrôleurs et patrons chargés de la conduite des bateaux de
poste, pour, sur le verbal desdits receveurs, contrôleurs ou patrons
desdits bateaux, à ce dûment assermentés et autorisés, le procès-
verbal être fait aux coupables.

Voyez, pour détermination des amendes et peines relatives aux
délits, les ordonnances de 1749, 1764, 1765, 1782.

En 1782 les gardes à bandoulière, à la livrée du Roi, étaient au
nombre de dix-huit.

Gardes à la livrée de M. de Caraman.

Il y en avait quatre autres, à la livrée de M. de Caraman.

Les gardes à la livrée du Roi portaient un habit gros bleu, doublé
de rouge, parements et revers rouges; calotte, veste et bas rouges;
un chapeau avec une bordure large en argent, parsemée de fleurs
de lis; cocarde en rubans, à trois couleurs, blanc, rouge et jaune;
boutons blancs; une bandoulière de drap bleu de 25 centimètres
de largeur, avec un galon en argent de chaque côté, et un blason
d'argent sur le devant et sur le derrière.

Officiers du siège de justice.

En 1785 il y avait sur le canal un juge-châtelain, qui avait sous
ses ordres sept lieutenants, six greffiers et six procureurs juridic-
tionnels; ces officiers étaient nommés et établis par les propriétaires
du canal.

Leurs salaires et vacations étaient payés d'après un tarif des droits
de la châtellenie; ils recevaient, du reste, des honoraires qui s'élevaient ensemble, par an, et seulement, à 1670 liv., tout compris, hors
le juge-châtelain, qui jouissait de 5,000 liv. d'appointements; mais il
était le procureur-fondé des propriétaires du canal.

Les ordonnances de ce juge, rendues en fait de police, étaient
quelquefois renforcées par des arrêts de la cour du parlement de
Toulouse.

Action de l'intendant de la province et de ses subdélégués pour les délits en matière de grande voirie.

D'un autre côté, l'intendant de la province rendait aussi des ordonnances pour divers faits de police sur le canal, savoir : en 1671,
27 novembre, il fait défense à toutes personnes de passer avec leurs
charrettes ou bestiaux sur les bords, ni à travers le canal et ses rigoles,
ni de labourer et travailler les terres à six toises des bords, à peine de
50 liv. d'amende, et autres peines; enjoignant aux gardes commis et
établis par le sieur de Riquet, de saisir et arrêter les bestiaux et charrettes, de les mettre en séquestre aux lieux et métairies les plus pro-

ches, dresser leurs procès-verbaux, et iceux remettre incessamment par devers nous ou nos subdélégués, pour être ordonné ce qu'il appartiendra.

En 1706, le 20 avril, il fait défense à tous mariniers, et autres (attendu qu'il s'agit du service du Roi), d'ouvrir et fermer les portes des écluses du canal de communication des mers, sans en avoir obtenu la permission des directeurs, commis et préposés dans la conjoncture présente, à peine de 300 liv. d'amende.

En 1723, 24 juin, il prend une ordonnance,

1°. Pour permettre à divers individus le passage provisoire sur les francs-bords du canal, afin de cultiver leurs possessions; « et cependant, dit l'ordonnance, attendu que c'est le temps des semences des » millets, casser, par attentat, la procédure faite par le juge du canal, » au préjudice de l'instance pendante devant nous, avec défenses aux » directeurs du canal de se retirer, en pareil cas, que par-devant nous, » du moins pendant le cours de l'instance, »

2°. Pour qu'il soit fait une descente d'experts, qui procéderont à la vérification des écluses, digues et bords du canal, pour rapporter si le rehaussement qui aurait été fait à ces écluses, suivant les plaintes portées, est nuisible aux riverains, ou contraire à l'ancien devis de la construction du canal.

3°. Pour vérifier si les riverains ou le directeur du canal ont usurpé soit des bords ou des fonds des habitants, ou s'ils ont des voies autres que lesdits bords pour aller à leurs possessions.

4°. Pour défendre de labourer ni ensemencer les francs-bords, prendre aucune terre du canal, ni faire aucun degré ni ouverture auxdits bords et digues, y faire dépaître des bestiaux, à peine de 50 liv. d'amende, et de confiscation des chevaux, charrettes, voitures et bestiaux.

La compétence de l'intendant ou de la châtellenie ne paraissait pas bien déterminée.

L'on a cru devoir entrer dans quelques détails sur ces ordonnances de l'intendant en Languedoc; ils indiquent qu'il y avait alors, comme aujourd'hui, distinction dans les délits par rapport aux autorités qui devaient en connaître, et que la haute administration pour la conservation du canal était confiée aux autorités commises par le Roi. Ils font voir, d'un autre côté, que quelques-uns des délits dont l'intendant ou ses subdélégués avaient connaissance dans l'intérêt du service du Roi, sont aujourd'hui classés parmi ceux à poursuivre devant les tribunaux de police correctionnelle; par exemple, l'ouverture des portes d'écluse sans avoir attendu le commandement de l'éclusier, etc., etc. (voyez l'article 142 du décret du 12 août 1807). Ils font voir encore que les ordonnances des intendants et celles des juges-châtelains se rapportaient souvent aux mêmes délits; enfin qu'il ne pourrait être inutile aujourd'hui de revoir la section *compétence* du décret du 12 août 1807.

FIN.